JN066028

AI・データ関連契約の実務

AI技術、限定提供データの創設を踏まえて

西村あさひ法律事務所

森本大介／濱野敏彦 編著

中央経済社

はしがき

　AI（Artificial Intelligence）という用語は今やすっかり人々の生活の中に溶け込み，日常的に利用されているため，AI技術の本質を理解することは重要である。

　また，AI技術の中心である機械学習は，データを用いて「学習」を行うことが多いこと等から，AI技術とデータは密接に関連しており，AIを考える上でデータの保護を含めたデータの利用戦略を考えることは不可欠である。そのため，AI・データに関する戦略と，AI・データに関する契約（以下「AI・データ関連契約」という）が，企業の競争力の維持・向上，および，業務の効率化（働き方改革の推進）という観点から極めて重要である。

　そこで，本書では，第1章で，AI技術について，技術的な正確性を損なわない範囲で可能な限りわかりやすく，また，法律書では例を見ないほど詳細に解説した。第1章のうち「4　ディープラーニング」の記載は，やや難解に感じられるかもしれないが，概ねの流れを理解していただければディープラーニングの本質を理解ができるように記載したつもりである。

　また，AI・データ関連契約を検討する上では，データに関してどのような権利等が発生するか，また，データをどのように管理・保護するべきであるかが重要となる。特に，データの価値の高まりを受け，新たな知的財産として創設された「限定提供データ」（2019年7月施行）を，どのように保護・利活用していくかが重要となる。そこで，本書では，第2章を限定提供データについての独立の章とした上で，第3章において，データに関する権利等と，データの管理・保護について記載した。

　そして，これらの記載を前提として，AI・データ関連契約の類型と留意点（第4章），データ提供契約の条項（第5章），ディープラーニングを用いたソフトウェア開発委託契約の条項（第6章）について記載した。

　本書では，AI・データ関連契約を検討するための中心的な事項を網羅的かつわかりやすく記載するように努めたつもりである。さらに，AI・データの面白さ，および，潜在的な可能性の大きさを感じていただき，AI・データに関する戦略を検討する際の参考にしていただければ幸いである。

　本書が刊行に至ることができたのは，『秘密保持契約の実務』に引き続きご対応下さった株式会社中央経済社実務書編集部の奥田真史氏の多大な尽力の賜物である。細部まで緻密な編集作業を行って下さった同氏に対し，ここに改めて心から御礼申し上げる。

　2020年7月

森本　大介

濱野　敏彦

目　次 ━━━━━━━━━━━━━━━ ●AI・データ関連契約の実務●

第5章　データ提供契約の条項 ——————— *157*

第 **1** 章

A I

　第1章では，AIについて説明する。

　具体的には，AIの概念整理（後記①），今の「AI」の発端と，「機械学習」の意味（後記②），ディープラーニングと，ディープラーニング以外のプログラムの本質的な違いについて説明した上で（後記③），ディープラーニングについて，技術的な観点からより詳細な説明をする（後記④）。さらに，ディープラーニングの特徴（後記⑤），および，ディープラーニングを用いたプログラム開発の流れと，ディープラーニングに関する用語の整理について説明する（後記⑥）。

1 AI（人工知能）

(1) AIの概念整理

　「AI（人工知能）」の定義については，「人工的につくられた人間のような知能，ないしはそれを作る技術[1]」，「人為的に人間らしく振る舞うように作られた装置（またはソフトウェア）[2]」等の説明がなされているが，確立した定義は存在しない。

　このようにAIには確立した定義が存在しないため，AIにはさまざまなものが含まれ得るが，AIの中心的なものが「機械学習」であることについては異論がない。

　AIと，「機械学習」および「ディープラーニング」との関係は，**図表1－1**のように整理されることが多く，この整理は技術的には正しいものである。

　しかし，**図表1－1**の整理は，誤解を生みやすいように思われる。具体的には，「『ディープラーニング』の部分と，『機械学習』のうち『ディープラーニング』以外の部分とでは，その考え方および技術的内容において大きな違いがある」という基本的かつ重要な点が見落とされやすくなってしまうように思われる[3]。

---

(1)　松尾豊『人工知能は人間を超えるか　ディープラーニングの先にあるもの』（KADOKAWA，2015年）45頁。

(2)　多田智史『あたらしい人工知能の教科書』（翔泳社，2016年）12頁。

(3)　たとえば，情報処理推進機構『AI白書　2019』（角川アスキー総合研究所，2018年）38頁では，**図表1－1**の「ディープラーニング」の部分を「ディープラーニング系」，「機械学習」のうち「ディープラーニング」以外の部分を「マシンラーニング系」と分

（図表1－1）AIの概念整理⑴

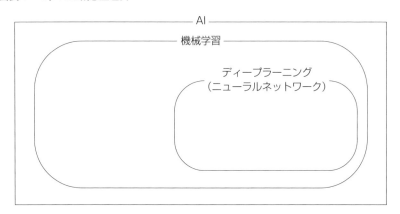

　そこで，このような誤解を生じにくくするという観点から，**図表1－2**を用いて，以下説明をする(4)。

（図表1－2）AIの概念整理⑵

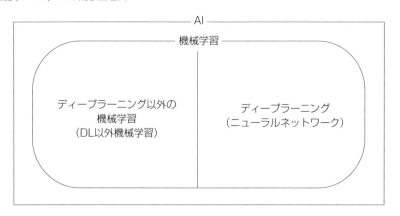

　　　　類して，説明している。
(4)　AIについては，「強いAI」・「弱いAI」という概念を用いた説明がなされることがあるが，これらはAIの研究者が用いる学術的な概念であり，また，多様な定義がなされているものである点に留意が必要である（角田篤泰「ロボット・AIと人間性」法律時報90巻12号（2018年）30頁）。

(2)　「機械学習」

　「機械学習」のうち，「機械」とは，人間ではなく，コンピュータが処理することを意味する。

　「学習」とは，本来は，「まなびならうこと。経験によって新しい知識・技能・態度・行動傾向・認知様式などを習得すること」をいう[5]。このような人間が実際に行っている辞書的な意味の「学習」と，コンピュータ処理により行われる「機械学習」の「学習」とは，その内容が大きく異なる[6],[7]。

　両者を比較する上で最も重要な観点は，「何ができるか」という観点であろう。この観点からは，人間が行う「学習」と比較して，コンピュータ処理により行われる「機械学習」によってできることは限定的であり，「分ける」作業が中心であるといえる[8]。

　そのほかにも両者の違いについてはいろいろな説明の仕方が可能であるが[9]，ここでは，一例として身体性の有無という観点から説明する。人間には身体があり，五官によってさまざまな刺激を受けて，学習を行っていく。これに対して，コンピュータ処理におけるインプットは，人間が人為的に設定するものにすぎず，人間のように身体からの刺激によるインプットがあるわけではない。

---

(5)　新村出『広辞苑〔第七版〕』（岩波書店，2018年）521頁。

(6)　AIに関しては，「学ぶ」，「賢くなる」，「判断する」等という表現がなされることもあるが，これらは比喩的な表現にすぎず，人間が行う行為とは大きく異なる。

(7)　現行法によれば，AIが自律的に生み出した生成物（以下「AI生成物」という）については，知的財産権の保護対象とならない。この点について，特に著作権を中心として，AI生成物について知的財産を付与するべきかについての議論がなされているが，この点について検討する際には，人間による「学習」と，「機械学習」の「学習」には大きな違いがあること，および，両者の違いがどのようなものであるかに留意して検討することが重要である（濱野敏彦「AIが自律的に生み出した生成物への知的財産権の付与の是非」（知的財産戦略本部 検証・評価・企画委員会主催の産業財産権分野・コンテンツ分野合同会合（第5回）資料3 − 1）(https://www.kantei.go.jp/jp/singi/titeki2/tyousakai/kensho_hyoka_kikaku/2019/sangyou/dai5/siryou3-1.pdf)。

(8)　「機械学習」は，人間が行っている「学習」を行っているわけではなく，「分ける」処理を中心とするものであるものの，この「分ける」という処理は学習の根幹をなしているとの指摘もなされている（前掲注(1)・松尾117頁）。

(9)　人間とコンピュータの違いについて，言語理解，身体性，一回性等の観点から検討するものとして，前掲注(4)・角田30頁。

たとえば，人間は，熱いお茶を取っ手のないコップに入れて持ってしまった際に「熱い」と感じる経験をして，その後は，熱いお茶を取っ手のあるコップに入れて飲むようになるという「学習」をすることができる。これに対して，コンピュータ処理のインプットは人間が人為的に設定するものであるため，上記の例において身体を持つ人間が経験した内容と同じインプットをコンピュータ処理のインプットとするためには，人間の身体，五官，脳の機能等の複雑，かつ，膨大な前提条件を情報として設定しなければならず，このような情報を人為的に設定することは到底できるものではない。このように，人間は身体を通じてインプットを得て「学習」を行っているのであり，身体を有しないコンピュータ処理による「機械学習」とは，そのインプットの点から大きく異なるのである。

(3)　DL以外機械学習

　大規模データを処理する際には，データから主として統計的処理によって有用な情報を抽出することが必要になり，その数理的モデルがディープラーニング以外の機械学習（以下「DL以外機械学習」という）である[10]。DL以外機械学習にはさまざまな種類のものが存在するが[11]，大要，有用な情報（パラメータ，要素等）を抽出するものであるといえる。

(4)　ディープラーニング（ニューラルネットワーク）

　ディープラーニングとは，「古くからニューラルネットワークと呼ばれている技術であるが，特に層が深いことを強調した言い方」をしているものであ

---

[10]　中川裕志『東京大学工学教程　情報工学　機械学習』（丸善出版，2015年）5頁。
[11]　代表的なDL以外機械学習のアルゴリズムとしては，主成分分析，ロジスティック回帰，サポートベクトルマシン，ベイズ推定，決定木，ランダムフォレスト，K近傍法，K平均法が挙げられる（情報処理推進機構『AI白書　2020』（角川アスキー総合研究所，2020年）47頁〜48頁）。

る[12]。また，1980年代から研究されていたニューラルネットワークが，近時の
コンピュータ処理能力を活用して開花したものがディープラーニングであると
もいえる[13]。これらの説明から明らかなように，要するに，ディープラーニン
グは，ニューラルネットワークであるといえる。

　ニューラルネットワークとは，人間の脳の機能や構造を真似ることによって
柔軟で有用な情報処理の実現を目指す情報処理の体系，および，そのシステム
をいう[14]。大雑把にいえば，ディープラーニングとは，人間の脳の機能・構造
を真似たコンピュータ処理を行うものである。

(5)　まとめ

　このように，DL以外機械学習が有用な情報（パラメータ，要素等）を抽出す
るものであるのに対して，ディープラーニングは人間の脳の機能・構造を真似
たコンピュータ処理を行うものであり，両者はその考え方および内容において
大きく異なるものである。

　したがって，「機械学習」という言葉が用いられた場合には，①DL以外機械
学習を指しているのか，②ディープラーニングを指しているのか，③DL以外
機械学習とディープラーニングの両方を指しているのかを正確に判断すること
が重要である。

---

[12]　松尾豊「人工知能開発の最前線」法律時報1136号（2019年）8頁。
[13]　前掲注(10)・中川2頁。
[14]　廣瀬明『複素ニューラルネットワーク〔第2版〕』（サイエンス社，2016年）2頁。

2

今の「AI」の発端と，「機械学習」の意味

(1)　はじめに

　前記①のとおり，「機械学習」という言葉は，①DL以外機械学習を指す場合，②ディープラーニングを指す場合，③DL以外機械学習とディープラーニングの両方を指す場合があるため，わかりにくく，誤解されていることが多い。

　そこで，以下では，「機械学習」がこのような意味で用いられるようになった経緯について，まず，前提としてコンピュータと人間（脳）の比較をした上で（後記(2)），AIの発端となった画像認識のコンペティションについて説明をし（後記(3)），最後に，「AI」や「機械学習」が前記①記載の意味で用いられるようになった理由について説明をする（後記(4)）。

(2)　コンピュータと人間（脳）の比較

　コンピュータと，人間（脳）の比較は，**図表１－３**のとおりである。

　コンピュータは，人間と比較して，極めて速い計算処理速度を持ち，また，コンピュータは，一度行った動作（処理）を，ほぼ完全に再現することができる点で，人間よりも優れている。

　他方で人間が優れている点として，耐ノイズ性が挙げられる。たとえば，会議の音声を録音すると，その会議に参加していたときには気にならなかった音（会議室のエアコンの音，隣の会議参加者がパソコンをタイピングする音，ほかの会

（図表1-3）コンピュータと人間（脳）の比較[15]

	コンピュータ	人間（脳）
基本素子	半導体素子	ニューロン（神経細胞）
信号	電気パルス	活動電位
計算処理速度	（人間と比較して）速い	（コンピュータと比較して）遅い
動作の再現性	完全	不完全
耐ノイズ性	（人間と比較して）低い	（コンピュータと比較して）高い
得意な情報処理	高速・正確な数値計算	パターン認識，総合的な判断

議参加者が資料をめくる音等）が比較的大きな音で録音されていることに気がつくことがあるであろう。これは，人間は会議に参加している際に，発言者の話を聞こうとすると，その他の雑音が聞こえにくくなるように脳が処理しているからである。これに対して，コンピュータは，インプットされたものを，そのままの大きさのインプットとしてしか処理することができず，ノイズがあっても，ノイズを小さくする処理をすることはできない（そのため，ノイズを小さくするためには，人間がノイズを小さくするための処理を人為的に設定しなければならない）。

そして，AIの説明との関係で重要なのが，「得意な情報処理」である。コンピュータは，高速，かつ，正確な数値計算を得意としており，人間はこの点ではコンピュータに到底かなわない。

これに対して，人間（脳）は，パターン認識（パターン処理）や，総合的な判断を行うことができる点で，コンピュータよりも圧倒的に優れている。

パターン認識とは，画像や音声等のデータに対して行う情報処理で，観測されたデータをあらかじめ定められた複数のクラスのうちの1つに対応させる処

---

[15] 合原一幸『ニューラルコンピュータ 脳と神経に学ぶ』（東京電機大学出版，1988年）4頁参照。

理である[16]。

　パターン認識の最たる例が，人の顔の認識である。人は，知っている人であれば，その人の顔を見れば，瞬時にその人が誰であるかを判断することができる。これは，人にとってはあたり前のことであるが，コンピュータに行わせることは非常に難しいことであった。

　人が，瞬時に顔認識をすることができるのは，人の顔を見たときに，無意識のうちに，顔の特徴的な部分に注目する等して誰であるかを判断しているからであろう。これに対して，コンピュータに画像を入力しても，入力された画像のデータについて，どこに着目するかについて人為的な設定を行わない限り，コンピュータは，すべてのデータを同じ重要度のものとして扱うことしかできない。そのため，コンピュータで同様の処理をするためには，入力された画像について，どの部分について，どのような処理をするかを，あらかじめすべてプログラムしておかなければならないが，これは容易なことではない。実際，人間が人為的な設定をして（ルールを定めて），コンピュータに顔認識の処理を行わせようとしても，人間が行うことができる顔認識の処理のスピードおよび精度には，遠く及ばなかった。

　このように，人間は，数値計算のスピード自体ではコンピュータに到底かなわないが，顔認識等のパターン認識においては，コンピュータよりも圧倒的に優れていた。

(3)　ILSVRCコンペティション

　AIの発端は，2012年の「ILSVRC[17]」という世界的な画像認識のコンペティションである。

　このコンペティションは，ある画像に写っているのが，ヨットなのか，花な

---

[16]　谷口忠大『イラストで学ぶ　人工知能概論』（講談社，2014年）148頁。

[17]　ImageNet Large Scale Visual Recognition Challenge（http://image-net.org/challenges/LSVRC/）。

のか,猫なのか等をコンピュータが自動で当てるタスクに対するエラー率の低さ（正解率の高さ）を競うものであった[18]。このコンペティションのタスクは,いわば,コンピュータが苦手とし,人間が得意とするパターン認識を,コンピュータにより行わせるタスクであったといえる。そのため,ILSVRCは世界的なコンペティションであるにもかかわらず,そのタスクは,画像に写っているのが,「ヨット」,「花」,「猫」等のうちどれであるかを当てるという人間にとっては極めて容易なタスクであった。

　当時,このような画像認識のタスクを行う際には,DL以外機械学習を用いることが常識であった[19]。そのため,世界の名だたる研究機関がDL以外機械学習を用いて,このタスクに取り組んだ。

　これに対して,それまでILSVRCコンペティション自体に参加したことがなかったニューラルネットワークの研究者であるトロント大学のGeoffrey Hinton氏らのチームが,2012年のILSVRCコンペティションにはじめて参加して,DL以外機械学習ではなく,ニューラルネットワークを用いて,このタスクに取り組んだ。そして,Geoffrey Hinton氏らは,自らが用いたニューラルネットワークを「ディープラーニング」と呼んでいた。

　このコンペティションの結果が衝撃的であった。すなわち,それまで画像認識にはDL以外機械学習を用いることが常識であったにもかかわらず,ニューラルネットワーク（ディープラーニング）を用いてタスクに取り組んだGeoffrey Hinton氏らのチームが,DL以外機械学習を用いてこのタスクに取り組んだ名だたる研究機関を抑えて圧倒的な勝利を挙げたのである。具体的には,ほかのチームが26％〜27％のエラー率で攻防を繰り広げている中で,Geoffrey Hinton氏らのチームのエラー率は16％という低さであった[20]。当時,DL以外機械学習により,世界中の研究者が競っても1年で1％〜2％しかエラー率を改善できないものであったため[21],ほかのチームに10％の差をつけての

---

(18)　前掲注(1)・松尾144頁。
(19)　前掲注(1)・松尾144頁。
(20)　前掲注(3)・情報処理推進機構35頁。
(21)　前掲注(1)・松尾145頁。

Geoffrey Hinton氏らのチームの勝利は，まさに圧倒的な勝利であり，世界中に衝撃を与えた[22]，[23]。

このILSVRCコンペにおけるGeoffrey Hinton氏らのチームの圧倒的な勝利によりディープラーニングに注目が集まり，研究が急速に進み，現在も成果を挙げ続けている[24]。

そして，わずか数年前までは，写真に何が写っているかを当てることは，コンピュータにとって非常に困難なタスクであったにもかかわらず，今や画像認識の精度では，ディープラーニングは，人間よりも遙かに高い正解率を達成している[25]。

(4)　ILSVRCコンペティション後の「AI」，「機械学習」

AI（Artificial Intelligence）という言葉自体は，1956年のダートマス会議において，ジョン・マッカーシーが用いたのがはじまりであるといわれている[26]。しかし，前記(3)のとおり，今の「AI」は，ILSVRCコンペティションを発端として用いられているものである。

前記(2)のとおり，ILSVRCコンペティションは，ディープラーニングが，

[22]　この結果は，画像認識の研究者にとって大変な衝撃であった。たとえば，「それまで画像認識の各研究者が培ってきたノウハウとはまったく別のところから参入して，いきなりトップに躍り出たのだから，その衝撃たるや，大変なものだった。画像認識の研究者の中には，「もう研究者としてやっていけないのではないか」と危機感を覚えた人も少なくないと聞いている」（前掲注(1)・松尾146頁）とされている。

[23]　株式会社Preferred Networksの社長の西川氏と副社長の岡野原氏は，ILSVRCコンペティションの結果等から，「AIが爆発的に進化する未来を確信」して，それまでプリファード・インフラストラクチャーで行っていた検索エンジン事業を止めて，ゼロからやり直す決断をして，ディープラーニング等の事業に取り組むため，株式会社Preferred Networksを発足させた（「35歳コンビ，「盛田・井深の再来」か―プリファードのすべて(2)」2018年7月5日付日本経済新聞電子版）。

[24]　ニューラルネットワークの第一人者であったGeoffrey Hinton氏は，ディープラーニングへの貢献が評価され，2019年に，コンピュータサイエンス界のノーベル賞とされるチューリング賞を受賞した（https://www.acm.org/media-center/2019/march/turing-award-2018）。

[25]　数万枚の写真を見て何が写っているかを当てるテストでは，人間が間違える確率は5％程度であるのに対して，ディープラーニングを用いたプログラムを用いた場合に間違える確率は2％を切る勢いである（前掲注(3)・情報処理推進機構24頁）。

[26]　前掲注(16)・谷口148頁。

DL以外機械学習に対して圧倒的な勝利を収めたものである。また，DL以外機械学習においては，直近の10年の間に，ディープラーニングのような劇的な精度の向上や，新たなブレークスルーがあったわけではない。

　これらの点からすると，ILSVRCコンペティション以降に用いられている「AI」や「機械学習」という言葉は，ディープラーニングのみを指すことになりそうであるが，実際にはそうではない。「AI」の中心的なものが「機械学習」であり，「機械学習」には，ディープラーニングとともに，DL以外機械学習が含まれる。

　その理由は，ディープラーニングは，上記のとおり，画像認識で劇的な精度向上を達成したものの，このような精度向上を達成できている分野は少なくとも現時点では限られており，その他の分野においては，ディープラーニング以外のDL以外機械学習等の方が成果を出すことができているからである。そのため，ディープラーニングを用いるものであっても，ディープラーニングによってはできない部分についてはDL以外機械学習等をあわせて用いているものも多い。また，近時のデータの価値の高まりにより，データから主として統計的処理によって有用な情報（パラメータ，要素等）を抽出するDL以外機械学習の重要性が高くなっている。

　これらの理由から，今の「AI」の中心である「機械学習」には，ディープラーニングとDL以外機械学習が含まれるのである。

3

ディープラーニングと，ほかのプログラムの本質的な違い

(1) はじめに

　前記②のとおり，ILSVRCコンペティションを契機として，ディープラーニングは，画像認識等の分野で劇的な精度向上を達成し続けている。

　ディープラーニングにより作成されるプログラムと，（DL以外機械学習を用いて作成されたプログラムを含む）その他のプログラム（以下「DL以外プログラム」という）との間には，「質的な断絶」[27]が存在する。

　そこで，以下では，顔認識のプログラムを具体例として，DL以外プログラムにより顔認識のプログラムを作成する場合（後記(2)）と，ディープラーニングを用いて顔認識のプログラムを作成する場合（後記(3)）について説明をした上で，ディープラーニングにより作成されるプログラムが，DL以外プログラムと本質的に異なる点について説明する（後記(4)）。

(2) 顔認識用のDL以外プログラム

　DL以外プログラムは，タスクを達成するためのルールを人為的に設定するものである。タスクに対して，人間が解決方法（ルール）を考え，その解決方法をプログラミング言語によってプログラムするものである。現在使われてい

---

[27]　前掲注(3)・情報処理推進機構24頁。

るプログラムのほとんどは，DL以外プログラムである。

　以下のタスクを行うためのDL以外プログラムについて説明する。

【タスク】

事前に与えられた10人（A～J）の画像を用いて，新たに入力された画像がA～Jのうちの誰の画像であるかを当てるプログラムの作成。

　DL以外プログラムでは，新たに入力された画像が誰であるかを，どのような判断基準（ルール）によって決めるかを人為的に設定する必要がある。

　たとえば，①顔の中の特徴的な部分である目，鼻，口，耳，眉毛の情報をそれぞれ数値化したものに基づいて，新たな画像が誰の顔の画像であるかを判断すること，②判断における目，鼻，口，耳，眉毛の各要素を重視する割合（たとえば，5つを同じ重要度として判断する，目の重要度を高めにして判断をする等），③新たな画像が入力された際に，その新たな画像と，あらかじめ与えられた10人（A～J）の画像との目，鼻，口，耳，眉毛の各要素の差（違い）を，②の重要度に基づいて数値計算し，その値が一番小さい人の画像であるという出力を出すことといったルールを定めることが必要になる。

　このようにしてルールを決めれば，あとは，あらかじめ与えられた10人（A～J）の画像の目，鼻，口，耳，眉毛の情報をそれぞれ数値化しておき，上記ルールどおりのプログラムを作成することになる。

　このようにして作成されたプログラムに新たな画像を入力すれば，まず，新たな画像の目，鼻，口，耳，眉毛の情報を数値化し，それらを10人（A～J）の画像のものと，各要素の重要度を考慮した比較を行い，10人（A～J）の画像のうち最も数値の差が小さい人が，その人であるという出力をすることができる。

　DL以外プログラムを図示すると，**図表1－4**のとおりである。

（図表１－４）DL以外プログラムによる顔認識

（3）　ディープラーニングにより作成された顔認識用プログラム

　　次に，前記(2)と同じタスクを行うためのディープラーニングにより作成される
プログラムについて説明する。

　　ディープラーニングを用いてプログラムを作成する流れは，**図表１－５**のと
おりであり，データの準備と，プログラムの準備をした上で，ディープラーニ
ングを行い，プログラムを作成する。

（図表１－５）ディープラーニングを用いたプログラム作成の流れ

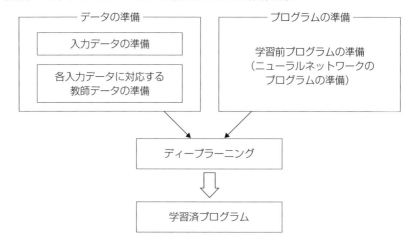

　まず，データの準備として，入力データと，入力データに対応する解答の
データ（以下「教師データ」という）を準備する[28]。たとえば，**図表1-6**のよ
うに，入力データを各人の画像とし，それぞれの入力データに対する教師デー
タを定める。

（図表1-6）入力データ，教師データの例

入力データ	教師データ
Aの画像	0
Bの画像	1
Cの画像	2
Dの画像	3
Eの画像	4
Fの画像	5
Gの画像	6
Hの画像	7
Iの画像	8
Jの画像	9

　次に，プログラムの準備として，（ディープラーニングをする前の）ニューラ
ルネットワークのプログラム（以下「学習前プログラム」という）を準備する。
学習前プログラムには，顔認識をするためのルールについての人為的設定は一

[28]　このように，入力データに対して教師データを準備し，両者をセットとして学習を行
　わせる方法を教師あり学習という。これに対して，教師データを用いずに学習を行う方
　法を教師なし学習という（人工知能学会監修『深層学習』（近代科学社，2015年）15頁
　～16頁）。教師なし学習は，クラスタリング（たとえば，入力されるデータを，ある共
　通項ごとに分けること）等に用いられる。教師なし学習には，教師データを準備する必
　要がないこと等のメリットがある。しかし，少なくとも現時点で，ディープラーニング
　を用いたソフトウェア開発契約に基づいて開発される実用的なプログラムとして一定の
　成果を挙げているのは教師あり学習により作成されたプログラムである。そのため，本
　書では，ディープラーニングによる学習は，教師あり学習であることを前提としている。

切なされていない[(29)]。

　そして，**図表1－5**のように，学習前プログラムに，入力データと教師データのセット（たとえば，上記タスクであれば，**図表1－6**の入力データと教師データのセット）を順次入れて学習（ディープラーニング）をさせると，プログラム（以下「学習済プログラム」という）が完成する。

　このように，ディープラーニングにより作成された学習済プログラムには，DL以外プログラムのように，顔認識手順（ルール）の人為的設定は一切行われていない。

　学習済プログラムを図示すると，**図表1－7**のとおりである。

（図表1－7）ディープラーニングにより作成された顔認識用プログラム

(4)　ディープラーニングにより作成されるプログラムと，その他のプログラムの違い

　DL以外プログラムと，ディープラーニングにより作成されたプログラム（学習済プログラム）の違いは，**図表1－5**と**図表1－7**を比較すれば明らかなとおり，「顔認識手順の人為的な設定」の有無である。

---

(29)　ニューラルネットワークのプログラムには，①設定したニューロンの構成の内容（各層のニューロンの数，層の数，層間のニューロンの結合のさせ方等（後記④(5)図表1－15参照)），②各ニューロン間の数値計算式（後記④(5)図表1－16，図表1－17参照)，③学習の回数等が記述されているが，プログラムの目的（顔認識）に関するルールの人為的設定等は一切なされていない。つまり，ディープラーニングに用いられるニューラルネットワークのプログラムは，プログラムを使って実現しようとする内容（顔認識）との関係で，内容は中立的である。

　このことは，ディープラーニングを用いれば，人が顔を認識する際の判断要素を提示せずに，上記タスクを達成するプログラムが作成できるということを意味している。

　具体的には，DL以外プログラムでは，顔を認識するためのプログラムを作成する際には，前記(2)のとおり，目，鼻，口，耳，眉毛の情報に基づいて誰の顔であるかを判断する等といったルールを設定しなければならないため，当該ルールを設定することができる場合に限って，顔認識をするためのプログラムを作成することができることとなる。逆に言えば，顔を認識する際に，何に基づいて判断するかのルールがわからなければ，顔認識をするためのプログラムを作成することができないのである。

　これに対して，ディープラーニングの場合には，入力データと教師データがあれば，顔認識をするためのプログラムを作成することができるのであり，顔認識をするためのルールを設定することは一切ない。したがって，人が顔認識をするためのルールを一切知らなくても，顔認識のプログラム（新たな画像が，誰の画像であるかを見つけられるプログラム）を作成することができるのである[30]。この点が，ディープラーニングにより作成されるプログラムが，DL以外プログラムと本質的に異なる点である。

　前記②(3)のILSVRCコンペでは，名だたる研究機関が，（DL以外プログラムに含まれる）DL以外機械学習を用いて，どのようなパラメータ等を設定するかについて試行錯誤を重ねて画像認識の精度を高めていたのに対して[31]，Geoffrey Hinton氏らのチームは，画像認識をするための人為的な設定を一切必要としないディープラーニングを用いて，圧倒的な勝利を収めたのである。

---

(30)　顔認識のプログラムを作成する流れとしては上記のとおりであるが，実際に，目的に適った精度の顔認識のプログラムが作成することができるか否かは，入力データおよび教師データの量，質，学習前プログラムの構成等のさまざまな条件によって決まる。
(31)　前掲注(1)・松尾144頁〜145頁。

4

ディープラーニング

(1)　はじめに

　前記③のとおり，ディープラーニングにより作成されるプログラムは，人為的設定を一切行わずに作成される点で，DL以外プログラムと本質的に異なる。すなわち，ディープラーニングでは，タスクを達成するためのルールを知らなくても，プログラムを作成することができる。

　そこで，以下では，このような特徴を有するディープラーニングについて，技術的な観点からより詳細に説明をする。

　具体的には，ディープラーニングの元となっているニューラルネットワークについて，神経細胞での情報伝達メカニズム（後記(2)），ニューラルネットワークの構造の概要（後記(3)），ニューラルネットワークで用いられている神経細胞の機能（後記(4)），ニューラルネットワークにおける学習（誤差逆伝播法）（後記(5)），畳み込みニューラルネットワーク（後記(6)）について説明した上で，ディープラーニングとニューラルネットワークの関係（後記(7)），および数年前までディープラーニング（ニューラルネットワーク）が脚光を浴びなかった理由について説明する（後記(8)）。

(2)　神経細胞での情報伝達メカニズム

　神経細胞は，**図表１－８**のとおり，本体部分である「細胞体」，細胞体から

樹状に突き出た多数の突起からなる「樹状突起」，1本の長い繊維である「軸索」の3つの部位からなる。また，軸索は先が細かく枝分かれしており，別の神経細胞の樹状突起，または，細胞体に結合しており，この結合部分を「シナプス」という。1つの細胞の出力情報は，シナプスを介して，ほかの細胞に伝えられていく[32]。

　機能の観点から説明すると，神経細胞全体が情報処理素子であり，樹状突起（および細胞体の表面）が入力信号を受容し，細胞体が入力信号を処理し，軸索は細胞で発生した活動電位（電位のパルス）をほかの神経細胞に伝える出力伝達用の通信線である[33]。

（図表1-8）神経細胞における情報伝達の仕組み[34]

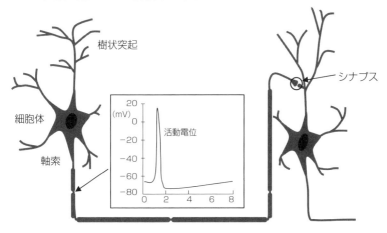

　神経細胞間の情報の伝達は以下のように進む。軸索の先端から放出される化学物質がシナプスからほかの細胞に到達する。この化学物質が，細胞の膜に作用して，細胞体の中の電位を変化させる。この変化がある一定のレベルを超え

(32)　甘利俊一『神経回路網の数理―脳の情報処理様式―』（産業図書，1978年）7頁～8頁。
(33)　前掲注(32)・甘利7頁～8頁。
(34)　宮川博義＝井上雅司『ニューロンの生物物理〔第2版〕』（丸善出版，2013年）3頁。

ると，細胞体の中で活動電位が発生する。この活動電位が発生する現象を「発火」という。そして，発火が起きると，その活動電位が軸索先端に向かって進み，その先端で結合しているほかの神経細胞の樹状突起に対して化学物質を放出する。神経細胞間の情報の伝達は，この一連の流れの繰り返しにより行われている[35]。

　脳による「学習」という観点では，シナプスの働きが重要である。1つの神経細胞は，数千〜数万本の軸索と結合している。そして，この結合部分であるシナプスが，どの程度，結合している先の神経細胞に電位を与えるかは，シナプスごとに異なる。つまり，神経細胞は数千〜数万のシナプスを介した入力を受けるが，入力があったときに細胞を発火させやすいシナプスもあれば，発火させにくいシナプスもあり，細胞を発火させるか否かに与える影響の程度がシナプスごとに異なるのである[36]。

　さらに，シナプスが神経細胞を発火させるか否かに与える影響の程度は，シナプスの活動度合いによって変化する。これをシナプスの可塑性という[37]。

　神経細胞の各部位の機能の概要は，**図表1−9**のとおりである。

（図表1−9）神経細胞の各部位の機能の概要

樹状突起	シナプスを介して入力信号を受ける。
細胞体	一定の条件で発火する（活動電位を発生させる）。
軸索	細胞で発生した電位パルス（活動電位）をほかの神経細胞に伝える。
シナプス	①　出力を次の神経細胞に伝える。 ②　シナプスごとに，細胞を発火させるか否かに与える影響の程度が異なる。 ③　②の影響の程度は変化していく。

　この神経細胞の情報伝達における活動電位の発生メカニズムについては，Hodkin氏とHuxley氏が，巨大な軸索を持っているヤリイカを実験的に調べ，

[35]　本パラグラフにつき，熊沢逸夫『電子情報通信工学シリーズ　学習とニューラルネットワーク』（森北出版，1998年）4頁〜5頁。
[36]　本パラグラフにつき，前掲注[32]・甘利7頁〜10頁。
[37]　甘利俊一監修『脳の計算理論　シリーズ脳科学1』（東京大学出版会，2009年）36頁。

1952年に活動電位の発生メカニズムを数式（Hodkin‐Huxley方程式）で表すことができることを発表し，その功績により1963年にノーベル生理学医学賞を受賞した[38], [39]。

　この両氏の功績により，Hodkin‐Huxley方程式を用いて脳（神経細胞）での情報処理を数学的に表現するという道が開かれた。しかし，この方法は容易ではなかった。なぜなら，脳には，さまざまな形態や電気的性質を持った神経細胞が存在し，それぞれが特徴的な活動パターンを示すため，これらを1つずつ，Hodkin‐Huxley方程式に当てはめていくことは容易でないからである[40]。

　また，各神経細胞は，数千～数万のシナプスからの入力を受けており[41]，また，脳は膨大な数の神経細胞のネットワークで形成されているという点からも，両氏の功績によっても脳の情報処理や，記憶のメカニズムを解明することは困難であった。

(3)　ニューラルネットワークの構造の概要

　前記(2)のとおり，実際の神経細胞の振る舞いは極めて複雑であり，大量の神経細胞がネットワークを形成しているため，これを数値計算するプログラムを作成することは困難である。そこで，ニューラルネットワークにおいては，実際の神経細胞を厳密に摸倣するのではなく，神経細胞の特定の機能を抽出し，単純化している[42]。

　ニューラルネットワークの構造は，概ね，**図表1−10**のとおりである。中央のニューロンは，左側の3つのニューロンから，それぞれ異なるシナプスを介して入力を受け，一定の条件の下，発火して，出力をして，次のニューロンに入力を与える。

---

(38)　前掲注(34)・宮川＝井上37頁～38頁。
(39)　前掲注(37)・甘利6頁。
(40)　前掲注(37)・甘利6頁。
(41)　前掲注(34)・宮川＝井上3頁。
(42)　前掲注(35)・熊沢10頁。

（図表1−10）ニューラルネットワークの構造の概要⁽⁴³⁾

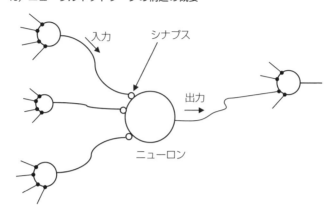

⑷ ニューラルネットワークで用いられている神経細胞の機能

ニューラルネットワークが用いている神経細胞の機能は，概ね，図表1−11のとおりである。

（図表1−11）ニューラルネットワークに用いられている神経細胞の機能

① 神経細胞（ニューロン）は，複数の神経細胞から，それぞれ異なるシナプスを介して入力を受けること
② 神経細胞への入力が一定の閾値を超えると神経細胞は発火し（活動電位を発生させ），当該閾値を超えるまでは発火しないこと
③ シナプスごとに，神経細胞を発火させるか否かに与える影響の程度が異なること
④ 各シナプスが，神経細胞を発火させるか否かに与える影響の程度は変化していくこと

⑷3 前掲注⑭・廣瀬12頁の「図2.2.ニューロンとニューラルネットワーク」を基にして作成している。

ア　結合荷重

　ニューラルネットワークでは，**図表1-11**の③のとおり，「シナプスごとに，神経細胞を発火させるか否かに与える影響の程度が異なる」という神経細胞の機能を用いている。

　そして，ニューラルネットワークでは，いわばシナプスに相当するものとして，「結合荷重[44]」を導入している。後記ウおよび(5)のとおり，この結合荷重（の値を変化させること）が，ニューラルネットワーク（ディープラーニング）の学習を担う。

イ　結合荷重と出力（発火）の有無

　ニューラルネットワークでは，**図表1-11**の②のとおり，「神経細胞への入力が一定の閾値を超えると神経細胞は発火し（活動電位を発生させ），当該閾値を超えるまでは発火しない」という神経細胞の機能を用いている。

　そして，ニューラルネットワークの各ニューロンが発火するか否かには，結合荷重が大きく関わっている。

　たとえば，**図表1-12**の中央のニューロンにn個のニューロンから入力があり，その値が，X_1，X_2，X_3……X_nである場合に，これらの値をそのまま足す（$X_1 + X_2 + X_3 + \cdots\cdots + X_n$）のではなく，各入力に対して，結合荷重をかけた値の和（$X_1 \times W_1 + X_2 \times W_2 + \cdots\cdots + X_n \times W_n$）が一定の値（$\theta$）を超えた場合には，ニューロンから出力をし，一定の値を超えない場合には，ニューロンから出力をしないこととしている。

---

[44]　「重み」と呼ばれることもある（前掲注(28)・人工知能学会監修10頁）。

（図表1-12）神経細胞における情報伝達の仕組み[45]

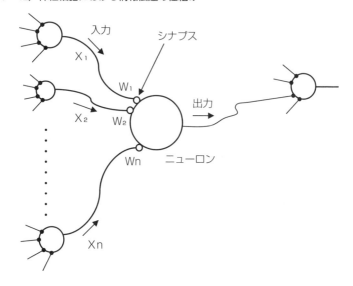

　たとえば，ニューロンからの出力が**図表1-13**で表される場合には，上記の和が，「θ」を超えた場合には「1」を出力し，「θ」を超えない場合には「0」となる（出力しない）。

　また，出力を「0」と「1」ではなく，連続的な値とする場合には，ニューロンからの出力が**図表1-14**で表されるニューロンの出力等が用いられる。

ウ　結合荷重の変化と学習の関係

　ニューラルネットワークでは，**図表1-11**の④のとおり，「各シナプスが，神経細胞を発火させるか否かに与える影響の程度は変化していく」という神経細胞の機能（シナプスの可塑性）を用いている。

　ニューラルネットワークでは，誤差逆伝播法という方法を用いて，入力データに基づいて出力層まで計算を行った結果（以下「出力結果」という）と教師

（図表1-13）出力例1（2値モデル）

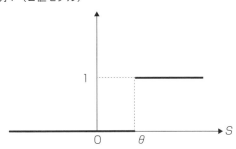

（図表1-14）出力例2（アナログモデル）

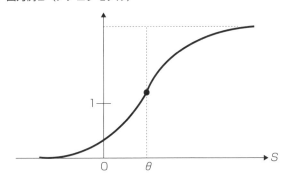

データの誤差が小さくなるように結合荷重の値を変化させる。そして，後記(5)のとおり，この結合荷重の値を変化させることが，ニューラルネットワーク（ディープラーニング）の「学習」になる。

(5) ニューラルネットワークにおける学習（誤差逆伝播法）

ニューラルネットワークの学習について，**図表1-15**のニューラルネットワーク（ニューロンの構成）を用いて説明する[46]。一番左の列の層が入力の部分であり，「入力層」という。また，一番右の列の層が出力の部分であり，「出

力層」という。そして，その間の層を「隠れ層[(47)]」といい，**図表１－15**ではｎ個の隠れ層がある。

　以下の説明では，各ニューロンからの出力は**図表１－13**で表されることとし，閾値は「１」とする。すなわち，前記(4)イの和が，「１」を超えた場合には「１」を出力し，「１」を超えない場合には「０」とする（出力しない）。

（図表１－15）ニューロンの構成の一例

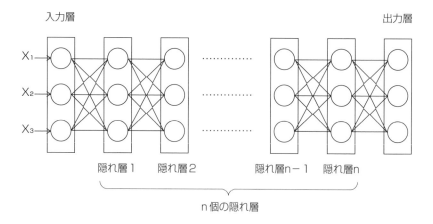

ニューラルネットワークの学習では，入力データと，各入力データに対応する教師データを準備して，出力結果と，教師データとの差を，結合荷重を修正することによって小さくするという方法によって，学習を行っている。

　学習における数値計算手順としては，①まず，左から右に向かって前記(4)イの方法で計算を行っていき，②出力結果と，教師データとを比較して，その差が小さくなるように，各ニューロンの結合荷重を右から左（出力層側から入力層側）に向かって順次修正していくという方法によって行われる。

---

(46)　実際に，どのようなニューロンの構成にするかは，何を目的とするプログラムを作成するか，どの程度の精度が必要であるか，入力データ・教師データの数等を考慮して決めることになるが，最適な構成を見つけるために，一定程度，試行錯誤せざるを得ない面がある。**図表１－15**では，説明の便宜で各層のニューロンを３個としているが，一例に過ぎず，任意の数とすることができる。

(47)　「中間層」ともいう（前掲注(14)・廣瀬71頁）。

具体的には以下のとおりである。

図表 1 −16の隠れ層 1 の一番上のニューロンについて計算する。その計算方法は前記(4)イのとおりである。ここでは，（ 1 × （− 0.3） ＋ 0 × 0.7 ＋ 1 × 1.5）という計算により，合計は1.2となる。

そして，これは閾値である 1 よりも大きいので，「 1 」を出力する。

（図表 1 −16）ニューロンの数値計算と出力の例 1

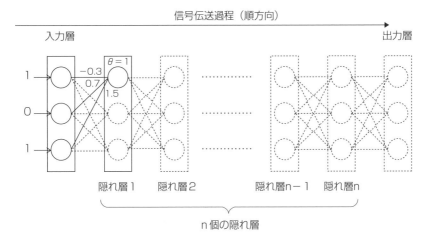

次に，図表 1 −17の隠れ層 2 の一番上のニューロンについて，同様に計算する。ここでは，（ 1 × 1.0 ＋ 1 × （− 0.6） ＋ 0 × 0.9）という計算により，合計は0.4となる。そして，これは，閾値 1 よりも小さいので，「 0 」を出力する（何も出力されない）。

このようにして，左から右に向かって，順次，すべてのニューロンについて同様の数値計算を行う。そして，出力層まで当該数値計算を繰り返し行っていくと，当然のことながら，出力結果と教師データの値は一致しないため，出力結果と教師データの値との差を小さくするように，結合荷重の値を修正する。

出力結果と，教師データとの差は，（単純な数値ではなく）誤差を表す関数（以下「誤差関数 E 」という）で表される。

（図表１−17）ニューロンの数値計算と出力の例２

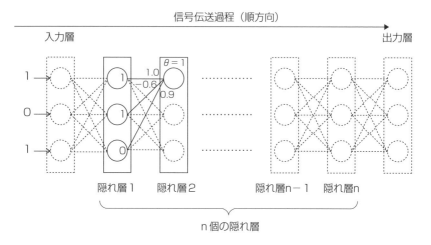

　たとえば，誤差関数Eが，**図表１−18**のような場合において，ニューラルネットワークの結合荷重の状態がａである場合には，誤差関数Eが最も小さくなるｂの位置になるように，結合荷重を修正する。具体的には，ａの位置から少し右に行くと誤差関数Eが小さくなるので，右に行く。さらに右に行くと，さらに誤差関数Eが小さくなるので，右に行く。これを繰り返して，ｂの位置までたどり着く。そして，ｂの位置から少し右に行くと，誤差関数Eが大きくなってしまうので，ｂの位置から右には行かずに，ｂの位置に留まる。このようにして誤差関数Eが最小になるｂの位置に対応する結合加重の値に修正する。

　この結合加重の修正は，**図表１−19**のように出力層側から入力層側に向かって行う。そのため，この学習方法は，誤差逆伝播法（Back Propagation）と呼ばれている。

　このようにして，ニューラルネットワークでは，出力結果と教師データとを比較して，誤差を小さくするように結合荷重を修正しており，この結合荷重の修正が「学習」に該当する。

（図表 1 −18）誤差関数と学習

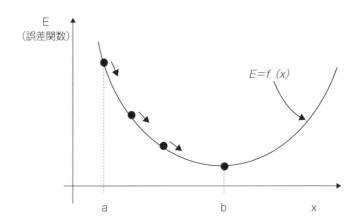

（図表 1 −19）学習過程

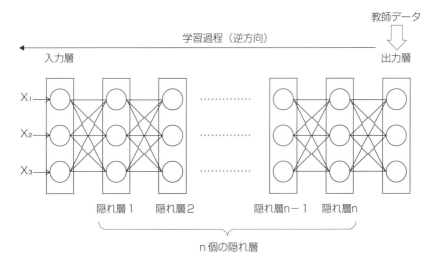

⑹　畳み込みニューラルネットワーク（CNN）

ア　はじめに

　ディープラーニングは成果を挙げ続けているが，ディープラーニングの中で成果を挙げている中心的なものは，ニューラルネットワークの中の１つのモデルである畳み込みニューラルネットワーク（CNN：Convolutional Neural Network）（以下「CNN」という）を用いたものである[48],[49]。

　そこで，以下では，畳み込みニューラルネットワークについて説明する。

イ　畳み込みニューラルネットワーク（CNN）の発展経緯

　CNNは，ニューラルネットワークの中の１つの計算方法（モデル）である。そして，CNNも，もともと，脳をモデルとして考えられたものである。

　生理学の実験から，大脳視覚野には，図形等の特徴を抽出する単純型細胞と，特徴の位置が多少ずれても，そのずれを吸収する複雑型細胞とが，階層的に結合されていると考えられている[50]。福島邦彦氏らは，この点に着目して，1979年に，単純型細胞のように特徴を抽出するＳ細胞の層と，複雑型細胞のように情報の位置ずれを吸収する働きを持つＣ細胞の層を交互に並べた多層の神経回路であるネオコグニトロンを発表した[51]。CNNのルーツは，このネオコグニトロンにあり，1980年代には，ネオコグニトロンに誤差逆伝播法による学習方法を適用するものが出てきた[52]。

　そして，現在のCNNの構造や学習方法は，1980年代のものとほとんど変わらない。そのため，ディープラーニングが注目されるようになって，改めてCNNが注目されるようになったといえる[53]。

⑷　前掲注⑵・多田241頁。
⑷　前掲注⑶・情報処理推進機構40頁～41頁。
⑸　情報処理推進機構『AI白書　2017』（角川アスキー総合研究所，2017年）35頁～36頁。
⑸　国立情報学研究所ウェブサイト（https://dbnst.nii.ac.jp/pro/detail/498）。
⑸　前掲注㉘・人工知能学会監修154頁。
⑸　本パラグラフにつき，前掲注㉘・人工知能学会監修154頁。

ウ　CNNの考え方

　CNNの特徴は，畳み込み層，および，プーリング層を交互に接続した構造を持つ点である。このようにすることで，まず，畳み込み層で，前記イの単純型細胞と同様に特徴の抽出を行う。次に，プーリング層で，前記イの複雑型細胞と同様に位置ずれを許容するために，一定の範囲の情報を1つのものにしてしまい，ほかの情報を捨てる（情報を圧縮する）。これを繰り返すことにより，より大局的な特徴を得られると考えられている。また，後記オのとおり，畳み込みは複数のフィルタにより行い，各フィルタごとに，異なる大局的な特徴を得ることができる[54]。

　このようにして，1つの入力に対して，複数のフィルタによる複数の大局的な特徴を得た上で，当該特徴を用いて，基本的には前記(5)と同様のニューラルネットワークによる誤差逆伝播法に基づく学習を行っている[55]。

エ　CNNの構成例

CNNについて，以下のプログラムの例を用いて説明する。

【プログラム例】
動物の画像（犬，猫，ウサギ，ネズミ，タヌキ）が入力された際に，どの画像であるかを判断するプログラム

　CNNの構成の一例は，**図表1－20**のとおりである。

　入力データである画像について，畳み込み層，プーリング層を繰り返し，その後は通常のニューラルネットワークと同じである。

　以下，それぞれの部分について説明する。

---

[54]　山下隆義『イラストで学ぶ　ディープラーニング〔改訂第2版〕』（講談社，2018年）36頁。
[55]　前掲注(28)・人工知能学会監修163頁。

（図表1－20）CNNの構成の一例

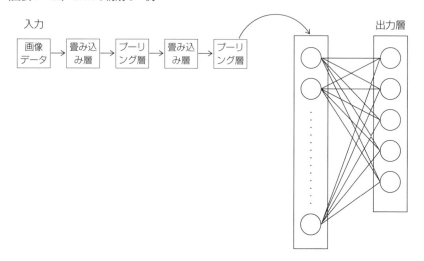

オ　畳み込み処理

　畳み込み層では，複数のフィルタを用いて入力画像の特徴の検出を行う。すなわち，入力画像にフィルタを畳み込む計算を行うことにより，特徴が表れた畳み込み後の画像を得る。フィルタごとに，異なる大局的な特徴を得ることができる。

　この処理は，一般的な画像処理で行うフィルタの畳み込みと同じものである。すなわち，小さいサイズの画像を入力画像に2次的に畳み込んで，画像をぼかしたり，エッジを強調したりするのと基本的に同じである。

　たとえば，フィルタが2×2で，畳み込み前の画像が5×5であれば，まず，フィルタを左上に合わせ，そこで，畳み込みの計算をする。これは，行列の内積をとる計算である。

　たとえば，フィルタを畳み込み前の画像の左上に合わせると，2（1×1＋0×2＋0×1＋1×1）となり，畳み込み後の画像の左上が「2」となる（図表1－21）。

（図表 1 –21）畳み込み処理における計算方法

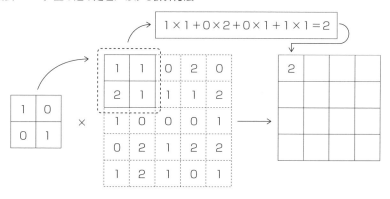

　同様に，すべてのフィルタを 1 マスずつずらしていくと，4 × 4 の畳み込み後の画像ができる（**図表 1 –22**）。

（図表 1 –22）畳み込み処理結果

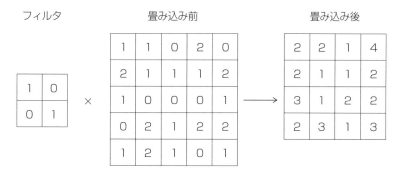

フィルタ　　　　　畳み込み前　　　　　　　畳み込み後

　このようにして，畳み込み処理により，フィルタごとに，特徴が表れた畳み込み後の画像を得る。

カ　プーリング

　通常は，畳み込み層の出力が，プーリング層の入力となる。プーリング層の目的は，微小な位置変化に対する不変性を得ること（位置が多少変化しても，同

じような結果を得ること）である。そして，画像サイズを小さくすることにより，情報を圧縮し（情報を減らし），計算量を減らすものである。

　具体的な処理方法は，領域ごとに区切り，各領域を代表する値とする処理である。

　たとえば，最大プーリング[56]という方法は，一定の領域の中で最も大きいものを選ぶ方法である。図表１−22の畳み込み後の４×４の画像を，２×２の領域で，最大プーリングによりプーリングする例を図表１−23に示す[57]。図表１−22の畳み込み後の４×４の画像を，２×２の領域で区切ると，図表１−23の「入力画像」に示すとおり４つの領域になり，最大プーリング処理後は，図表１−23の「プーリング後」のようになる。たとえば，図表１−23の「入力画像」の右上の２×２の領域の４つの数値（「１」，「４」，「１」，「２」）のうち，最も大きいものは「４」であるから，「プーリング後」の右上の数値は「４」になる。

（図表１−23）プーリング（最大プーリング）

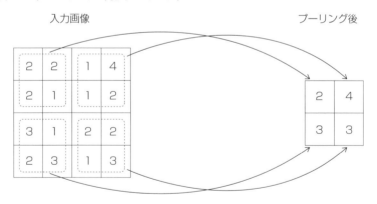

---

[56]　プーリングの他の方法として，たとえば，領域の値の平均値とする平均プーリングがある（前掲注28・人工知能学会監修160頁）。
[57]　２×２でプーリングすると，情報量を１／４に圧縮することができる。

キ （畳み込み，プーリング後の）ニューラルネットワーク部分

畳み込み，プーリング後のニューラルネットワーク部分は，隣り合う層の
ニューロンは，すべて結合する層を1層以上配置するのが通常である[58]。

図表1-20のように，ニューラルネットワーク部分の直前のプーリング結果
を，縦一列に並べて，ニューラルネットワーク部分の入力層とする。具体的に
は，たとえば，ニューラルネットワーク部分の直前のプーリング結果が，4×
4で構成されていれば，それぞれ1つずつを1つのニューロンとして，16個の
ニューロンを縦に並べて，ニューラルネットワーク部分の入力層とする。

そして，出力層は，目的とするクラスの数と同じにする。今回の例では，5
種類の動物の画像（犬，猫，ウサギ，ネズミ，タヌキ）に分けるものであるため，
出力層のニューロンは5つである。

ク　CNNにおける学習

CNNにおける学習は，基本的には，前記(5)の誤差逆伝播法の場合と同様で
ある[59]。

ケ　CNNにおける出力

CNNでは，最後に関数を用いて確率に変換し，出力層のニューロンの合計
を100％にすることが多い[60]。動物の画像（犬，猫，ウサギ，ネズミ，タヌキ）
を学習させた上で，新しくいずれかの画像が入力された際に，どの画像である
かを判断するという場合には，犬，ネコ，ウサギ，ネズミ，タヌキである確率
の合計が100％となる。そのため，CNNの学習を終えたプログラムに，たとえ
ば犬の画像を入力すると，90％の確率で犬，5％の確率でネコ，3％の確率で
ウサギ，1％の確率でゾウ，1％の確率でサルといった出力になる。

---

[58]　前掲注(28)・人工知能学会監修157頁。
[59]　前掲注(28)・人工知能学会監修163頁。
[60]　前掲注(3)・情報処理推進機構41頁。

コ　小　括

　以上のとおり，CNNは，特徴を抽出する畳み込み層と，位置ずれの許容・情報圧縮を行うプーリング層を交互に接続することにより，複数（フィルタの個数）大局的な特徴を得た上で，当該特徴を用いてニューラルネットワークによる誤差逆伝播法に基づく学習を行うというものである。

　現在は，このCNNがディープラーニングの中で成果を挙げている中心的なものである[61]。

(7)　ディープラーニングとニューラルネットワークの関係

　ディープラーニングとは，図表１−15のニューロンの隠れ層の数を多くしたものである。「ディープ」というのは，隠れ層の数（図表１−17の「ｎ」の値）が多いことを意味している。

　その他の点において，ディープラーニングとニューラルネットワークとで，異なる点はない。

(8)　数年前までディープラーニング（ニューラルネットワーク）が脚光を浴びなかった理由

ア　はじめに

　ニューラルネットワークは，30年以上前に提案され，研究され続けてきているものである[62], [63]。そして，前記(7)のとおり，ニューラルネットワークとディープラーニングとの差は，隠れ層の数のみである。

---

[61]　CNNが，なぜ，極めて高い精度を実現できているのかは，明らかではない面もある。たとえば，「現在，残された疑問と課題はいくつかある。なんといってもまず，多層CNNの構造，すなわち畳み込みとプーリングを交互に何度か繰り返す構造がなぜそんなに有効なのかという疑問である。……現在，世界中の研究者達がこれらの残された問題に精力的に取り組んでいるところである」とされている（前掲注(28)・人工知能学会監修184頁〜185頁）。

[62]　前掲注(15)・合原54頁〜55頁。

[63]　前掲注(10)・中川２頁。

　しかも，実際の脳は，膨大な量の神経細胞がネットワークを形成しているのであるから，ニューラルネットワークにおいても，層の数を多くすることは誰でも当然に考えていたことである[64]。

　それにもかかわらず，近時に至るまで，ディープラーニングの効果は知られていなかった。

　その理由は，隠れ層を多くすると，ニューラルネットワークによる学習がうまく進まなかったからである。具体的には，隠れ層を多くすると，誤差逆伝播法において，入力側に行くほど修正すべき誤差がなくなっていき，学習が進まないという問題があったこと（勾配消失現象）（後記イ），隠れ層を多くすると，ローカルミニマムに陥りやすくなること（ローカルミニマム問題）（後記ウ），隠れ層を多くすると，膨大な計算量が必要であること（後記エ）が挙げられる。

　以下，詳述する。

イ　勾配消失現象

　前記(5)のとおり，ニューラルネットワークの学習は，誤差逆伝播法により，出力層側の層から，入力層側に向かって，結合荷重を修正していく。

　その結果，入力側に近い層では，修正すべき誤差が小さくなってしまい，ニューロンの結合荷重の修正をほとんどできず，学習が進まないという現象が生じていた。

　そのため，ニューラルネットワークを多層にすると学習が困難であるという一般的な認識が生まれ，ニューラルネットワークを多層にする研究が行われにくくなっていた[65]。ちなみに，この勾配消失問題については，各ニューロンにおける出力において，**図表１−24**の正規化線形関数を用いることが有効であることがわかってきている[66], [67]。

---

[64]　前掲注(1)・松尾148頁～149頁。
[65]　前掲注(28)・人工知能学会監修17頁～18頁。
[66]　前掲注(2)・多田209頁。
[67]　前掲注(3)・情報処理推進機構41頁。

（図表1－24）正規化線形関数

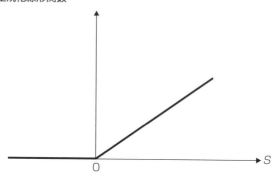

ウ　ローカルミニマム問題

　ローカルミニマム問題とは，誤差関数Ｅの形状によっては，誤差関数Ｅの誤差の値を最も小さくするところまで結合荷重の修正（学習）が進まない問題をいう。

　前記(5)のとおり，誤差逆伝播法では，出力結果と教師データとの誤差が最も小さくなるように，結合荷重を修正する。そして，**図表1－18**の場合は，誤差関数Ｅが最も小さくなるように，結合荷重の値を修正することができる。

　これに対して，**図表1－25**のような場合には，ニューラルネットワークの結合荷重の状態がａの場合には，誤差関数Ｅが最も小さくなるまで結合荷重の修正（学習）が進まない。具体的には，ニューラルネットワークの結合加重の状態がａの場合においては，少し右に行くと誤差関数Ｅが小さくなるので，右に行く，ということを繰り返して，ｂの位置までたどり着く。しかし，ｂの位置から少し右に行くと，誤差関数Ｅが大きくなってしまうので，ｂの位置から右には行かずに，ｂの位置に留まることになる。しかし，実際には，ｂよりも誤差関数Ｅの値が小さくなるｃの位置が存在するのである。このように，誤差関数が最も小さくなる点があるにもかかわらず，ローカルミニマムで結合荷重の修正（学習）が止まってしまうことを，ローカルミニマム問題という。

　そして，ローカルミニマム問題は，層を多くすると，より深刻になるため，

ニューラルネットワークを多層にすると学習が困難であるという一般的な認識が生まれ，ニューラルネットワークを多層にする研究が行われにくくなっていた[68]。

（図表1－25）ローカルミニマム

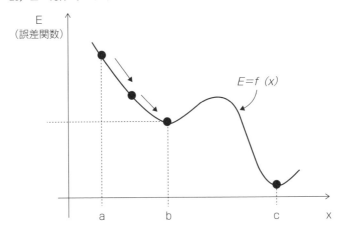

エ　膨大な計算量が必要であること

　前記(5)の学習における計算方法から明らかなとおり，ニューラルネットワークの学習（誤差逆伝播法）では，層が多くなるほど，必要な計算量が増えていく。

　そして，層を多くした場合に必要な計算量に対応することができるコンピュータの処理能力を準備することが以前は困難であったため，多層のニューラルネットワークの研究が行われにくい環境にあったということができる[69]。

---

[68]　前掲注28・人工知能学会監修17頁～18頁。
[69]　この点について，たとえば，深層学習は，「1980年代から研究が続いていたニューラルネットワークが強化された計算資源を活用する形で開花したものであ」ると説明されている（前掲注10・中川2頁）。

5

ディープラーニングの特徴

(1)　はじめに

　本項では，ディープラーニングの特徴について説明する。

　具体的には，ディープラーニングはルール等の人為的設定が不要であること（後記(2)），学習用データとディープラーニングの精度との関係（後記(3)），ディープラーニングにより作成されるプログラムの精度保証を行うことには困難な面があること（後記(4)），ディープラーニングでは事後的検証が容易ではないこと（後記(5)）を説明する。また，専門的な用語である「特徴量」という用語を用いた場合のディープラーニングの特徴を説明する（後記(6)）。最後に，ディープラーニングとDL以外機械学習の比較を行う（後記(7)）。

(2)　ディープラーニングでは人為的設定が不要であること

　ディープラーニングの場合には，前記③(3)のとおり，入力データと教師データがあれば，ルール等の人為的設定を一切せずに，プログラムを作成することができる。換言すれば，人が目的を達成するために必要なルールを一切知らなくても，プログラムを作成することができる。

⑶　学習用データとディープラーニングの精度との関係

　前記③⑶のとおり，ディープラーニングでは，入力データと，各入力データに対する教師データを準備する必要がある。

　ディープラーニングは，基本的には，学習用データ（入力データと，各入力データに対応する教師データ）が多いほど，精度が向上していくという特徴を有する[70]。しかし，データ量と精度の関係は，**図表１−26**のとおり，一定のデータ量となってからは，精度の向上は緩やかになっていく。また，データの質が高いほど，精度が向上する。そのため，質の高いデータと，質の低いデータを合わせた方が量が多い場合であっても，質の高いデータのみで学習をさせた方が精度が高くなる場合もある。

　ディープラーニングで必要となる学習用データは，入力データと，各入力データに対応する教師データである。この学習用データを作成することに手間がかかるのが，ディープラーニングの欠点の１つである。前記④⑹エのプログ

（図表１−26）学習用データと精度の関係

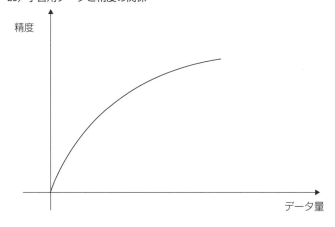

―――――――――
[70]　前掲注⑶・情報処理推進機構38頁。

ラム例（動物の画像について，何の画像であるかを判断するプログラム）では，た
とえば犬の画像に対する教師データとして「犬」という情報を入力することと
なる。データの量が多いほど，この作業に手間がかかることになる。

⑷　事前に精度保証を行いにくい面があること

　前記②⑶のとおり，ディープラーニングは，画像認識等の分野では，DL以
外プログラムと比較して極めて高い精度を達成した。

　しかし，ディープラーニングでは，どの程度の精度となるかを事前に判断す
ることが難しいため，精度保証を行い難い面がある。なぜなら，ディープラー
ニングでプログラムを作成する場合には，どの程度の量・質の入力データ，お
よび，教師データがあれば，どの程度の精度を達成することができるかを事前
に判断することが容易ではないからである。しかも，学習前プログラムの構成
（ニューロンの層の数，ニューロンの数，学習の回数等）によっても精度は変わる。

　このように，ディープラーニングにより作成されるプログラムは，ディープ
ラーニング以外プログラムのように人為的に設定したルールに基づいて作成さ
れ，プログラムのミス（いわゆるバグ）がなければ必ずルールどおりに動作す
るプログラムとは本質的に異なる点には留意が必要である。

　したがって，前記④⑹エのプログラム例（動物（犬，猫，ウサギ，ネズミ，タ
ヌキ）の画像について，何の画像であるかを判断するプログラム）のプログラムを
作成する前に，たとえば「各動物の画像を100個ずつ準備してもらえば，90％
の精度で当てることを保証する」というような精度保証を行いにくい面がある。

⑸　事後的な検証を行うことに困難な面があること

　ディープラーニングについては，学習済プログラムが，目標としていた精度
を達成できなかったり，望ましくない出力をした場合に，その原因を特定する
ための事後的な検証を行うことに困難な面があるという問題がある。

この点は，前記3(2)の「事前に与えられた10人（A〜J）の画像を用いて，新たに入力された画像がA〜Jのうちの誰の画像であるかを当てるプログラムの作成」というタスクを，DL以外プログラムで行う場合と，ディープラーニングによって作成するプログラムで行う場合とを比較するとわかりやすい。

たとえば，上記タスクのために作成したDL以外プログラムにおいて，Aの画像を入力したにもかかわらず，Bであると判断されたとする。DL以外プログラムでは，前記3(2)のとおり，誰であるかの判断を行う際に，目，鼻，口，耳，眉毛等の要素のうち，どの要素をどの程度重視するかというルールを人為的に設定している。そのため，新たに入力されたAの画像と，元々取得していたAの画像・Bの画像を比較および分析することにより，たとえば，「プログラムを修正して，目の重要度をもう少し高くすれば，新たに入力されたAの画像についてAであると出力するようになる」ということを検証することができる。

これに対して，ディープラーニングによりプログラムを作成する場合には，Aの画像を入力したにもかかわらず，Bであると判断された場合に，その理由を検証することには困難な面がある。なぜなら，学習済プログラムを見ても，DL以外プログラムのように，「目，鼻，口，耳，眉毛等の要素のうち，どの要素をどの程度重視するか」といったルールの人為的設定がなされているわけではないからである。学習済プログラムには，大量の結合荷重の数値が含まれているが，これらの数値を元に検証を行うことは困難である。

学習済プログラムで誤った出力となる原因として，さまざまなものが考えられる。入力データ・教師データの量または質，学習前プログラム・学習済プログラムのニューロンの層の数，ニューロンの数，学習の回数等の設定が適切ではなかったこと等が考えられる。しかし，これらのいずれが原因であるかを，学習済プログラムを調べて検証することは困難である。そのため，これらのいずれが原因であるかを，試行錯誤を繰り返して，見つけ出していくことが必要になる。

このように，ディープラーニングでは，予定していない出力結果が出た場合

に，その原因を特定するための事後的な検証を行うことに困難な面があるという問題がある。

⑹ 「特徴量」の観点からのディープラーニングの特徴

ディープラーニングについては，専門的な文献等では，「特徴量」という言葉を用いて説明されることが多い。そこで，「特徴量」の観点から，ディープラーニングにどのような特徴があるかについて，前記3⑵と同じ，顔認識のプログラムを作成するタスクを用いて説明する。

【タスク】
事前に与えられた10人（A〜J）の画像を用いて，新たに入力された画像がA〜Jのうちの誰の画像であるかを当てるプログラムの作成。

たとえば，前記3⑵に記載したように，このタスクに対して，①顔の中の特徴的な部分である目，鼻，口，耳，眉毛の情報をそれぞれ数値化したものに基づいて，新たな画像が誰の顔の画像であるかを判断すること，②判断における目，鼻，口，耳，眉毛の各要素を重視する割合（たとえば，5つを同じ重要度として判断する，目の重要度を高めにして判断をする等），③新たな画像が入力された場合に，その新たな画像と，あらかじめ与えられた10人（A〜J）の画像との目，鼻，口，耳，眉毛の各要素の差を，②の重要度に基づいて数値計算し，その値が一番小さい人の画像であるという出力を出すことといったルールを定めて，このルールに基づいたプログラムを作成するという方法がある。

しかし，このようにプログラムを作成しても，望んでいた精度が達成できない場合には，以下のようにして精度を向上させることが考えられる。

まず，DL以外機械学習を用いる方法が考えられる。すなわち，顔認識を行うという観点から，目，鼻，口，耳，眉毛以外の有用な情報（パラメータ，要素等）をDL以外機械学習によって見つけ出し，当該情報を用いたプログラム

によって精度を高めるという方法である。このようにDL以外機械学習によって得られた情報を特徴量という[71]。そして，**図表１−４**の「顔認識手順（ルール）の人為的設定」部分に組み込むことによって，精度を高めるというものである。

（図表１−４）DL以外プログラムによる顔認識（再掲）

　次に，ディープラーニングを用いてプログラムを作成するという方法が考えられる。ディープラーニングでプログラムを作成する場合には，**図表１−５**のように顔認識手順（ルール）の人為的設定は一切行われない。そのため，顔認識のルールを一切知らずにプログラムを作成することができる。ディープラーニングにより作成されたプログラムによって顔認識ができた場合には，入力された画像を適切に分けて，正しい回答を出すことができたということになるので，ディープラーニングによって作成されたプログラムは，特徴量をディープラーニングにより（自動的に）取得したといわれることがある[72]。換言すると，ディープラーニングの各学習ごとに，もともとのニューラルネットワークのプログラムの各ニューロンの結合荷重が変わるにすぎず，目，鼻，口，耳，眉毛が特徴量である等という情報が得られるわけではないが，最終的に出来上がっ

---

(71)　特徴量の意味については，研究者によっても異なるものと思われるが，たとえば，「データから傾向を得るとき，もしくは得たときにその傾向を表現している１つ以上の変数の組や変数の組を使用した計算式のことをいう」と説明されている（前掲注(2)・多田76頁）。

(72)　たとえば，「ディープラーニングは，データをもとに，コンピュータが自ら特徴量をつくり出す。人間が設計するのではなく，コンピュータが自ら高次の特徴量を獲得し，それをもとに画像を分類できるようになる」と説明されている（前掲注(1)・松尾147頁）。

たプログラムで顔認識に成功している以上，ディープラーニングによりプログラムが作成される中で，自動的に特徴量を取得しているはずであると評価（考察）されることがある[73]。

（図表1−5）ディープラーニングを用いたプログラム作成の流れ（再掲）

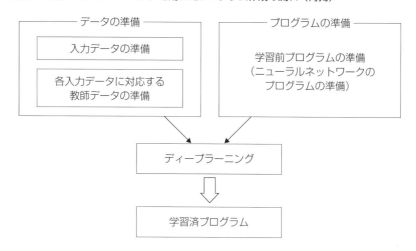

特徴量は，ディープラーニングの意義等を整理，検討する上で有益な文言であるが，研究者が用いる専門的な用語であり，研究者によっても意味合いが異なる場合がある点に留意が必要である。

---

[73] ディープラーニングによって取得したとされる特徴量の内容についても，研究者によって意見が分かれ得る。たとえば，「人間がネコを認識するときに「目や耳の形」「ひげ」「全体の形状」「鳴き声」「毛の模様」「肉球のやわらかさ」等を「特徴量」として使っていたとしても，コンピュータはまったく別の「特徴量」からネコという概念をつかまえるかもしれない。人間がまだ言語化していない，あるいは認識していない「特徴量」をもってネコを見分ける人工知能があったとしても，それはそれでかまわない，というのが私の立場だ」（前掲注(1)・松尾192頁〜193頁）との説明がなされている。

(7) ディープラーニングとDL以外機械学習の比較

　ディープラーニングと，DL以外機械学習の比較は，**図表１−27**のとおりである。

　ディープラーニングは，前記②(3)のとおり，近時，急激な精度向上を達成して世界中に衝撃を与え，今の「AI」という言葉の発端となった。これに対して，DL以外機械学習は，従来から連続的に進展をしているものであり，直近の10年の間に，ディープラーニングのような劇的な精度の向上や新たなブレークスルーがあったわけではない。

　ディープラーニングによりプログラムを作成する場合には，手順（ルール）の人為的設定が不要であるという点が大きな特徴である。これに対して，DL以外機械学習では，手順（ルール）の人為的設定が必要である。

　ディープラーニングの中心は，畳み込みニューラルネットワーク（CNN）を用いたものであり，画像認識の分野等を中心に，顕著な成果を挙げている。こ

（図表１−27）ディープラーニングとDL以外機械学習の比較

	ディープラーニング	DL以外機械学習
内容	人間の脳の機能・構造を真似たコンピュータ処理を行うもの	データから主として統計的処理によって有用な情報を抽出するもの
発展経緯	近時，急激に精度が向上	従来から連続的に進展
手順（ルール）の人為的設定	不要	必要
対応分野	現時点では，CNNを用いた画像認識等が中心	比較的広い分野へ対応が可能
精度保証	困難な面がある	ディープラーニングよりも，精度保証を行いやすい
事後的検証	困難な面がある	ディープラーニングよりも，事後的検証を行いやすい

れに対して，DL以外機械学習は，比較的広い分野に対応することができる。

　ディープラーニングは，前記(4)のとおり，事前に精度保証を行いにくい面があり，また，前記(5)のとおり，事後的な検証を行うことに困難な面がある。これに対して，DL以外機械学習は，ディープラーニングのように学習用データからプログラムを作成するものではないため，ディープラーニングと比較して，精度保証および事後的検証を行いやすい。

6

ディープラーニングを用いたプログラム開発の流れと，ディープラーニングに関する用語の整理

(1) 想定事例

　以下の想定事例を用いて，ディープラーニングを用いたプログラム開発の流れを説明するとともに，ディープラーニングに関する用語を整理する。

> 【想定事例】
> ●目的とするプログラム
> 高速道路の壁の画像から，危険性（劣化，損傷の程度等）を分析するプログラムの作成
> ●上記プログラムを必要とする背景[74]
> 高速道路の壁には，亀裂が入っている箇所が存在する。亀裂が入っている以上，一定程度の劣化および損傷があったといえるが，すべての亀裂を修理するとコストがかかり，また，渋滞を引き起こしてしまう。また，亀裂の危険性（劣化，損傷の程度等）は，亀裂の長さ，深さ，向き等の条件から総合的に判断することが必要であるが，このような判断をすることができる熟練した作業員は不足している。

---

[74] 新エネルギー・産業技術総合開発機構（NEDO）は，産業技術総合研究所，東北大学，首都高技術株式会社とともに，道路や橋等のコンクリート表面のひび割れを点検するシステムを開発している（新エネルギー・産業技術総合開発機構（NEDO）ウェブサイト（https://www.nedo.go.jp/news/press/AA5_100811.html））。想定事例は，本開発を参考にして作成したものであるが，あくまでも仮想の事例である。

そのため，高速道路の壁の画像から危険性（劣化，損傷の程度）を分析するプログラムが求められる。

(2)　ディープラーニングによるプログラムの作成

ア　はじめに

ディープラーニングを用いてプログラムを作成する際には，前記③(3)のとおり，入力データ，各入力データに対応する教師データ，学習前プログラムが必要である。

前記(1)の想定事例に基づいて，以下，それぞれについて説明する。

イ　入力データ

ディープラーニングでは，ディープラーニングを行うための入力データが必要である。

想定事例では，入力データは壁の画像である。ただし，学習前プログラムに入力できるようにするための加工が必要な場合もある。

ウ　教師データ

次に，各入力データに対応する教師データを準備することが必要である。想定事例では，たとえば，亀裂の状況から危険性を判断することができる熟練した作業員が，入力データとなる壁の亀裂の画像を見て，各画像についてリスクを1〜10で数値化したものを教師データとすることが考えられる。

エ　学習前プログラム

学習前プログラムは，ディープラーニングを行う前のプログラムであるので，学習前プログラムの各ニューロンの結合荷重の値（結合荷重の初期値）は，任意に定めることになる。

　本想定事例のように入力データとして画像を用いる場合には，CNNを用いることが多い。

オ　ディープラーニングおよび学習済プログラム

　入力データ，教師データ，および，学習前プログラムを準備した上で，入力データ，および，教師データを用いて，学習前プログラムをディープラーニングすることによって，学習済プログラムが作成される。

　ディープラーニングを行うことにより，学習前プログラムの各ニューロンの結合荷重の値が，1回の学習ごとに少しずつ修正されて（学習が進み），学習済プログラムが作成される。

　ディープラーニングを用いたプログラム作成の流れは，**図表1−28**のとおりである。

（図表1−28）想定事例におけるディープラーニングによるプログラム作成の流れ

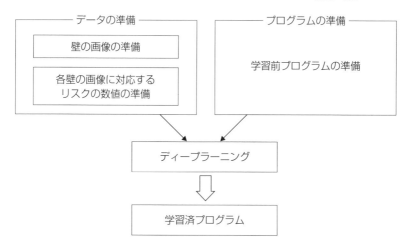

(3)　ディープラーニングに関する用語の整理

ア　はじめに

　ディープラーニングを用いたプログラムの作成の流れは前記(2)記載のとおりであり，基本的には，入力データ，教師データ，学習前プログラム，学習済プログラムという言葉を用いれば，説明をすることができる。

　しかし，ディープラーニングに関しては，これら以外にさまざまな用語が使われることがあるようである。

　そこで，ディープラーニングに関する用語について，以下において整理する。

イ　生データ

　生データとは，あるデータを加工して入力データとして用いる場合において，当該加工前のデータの意味で用いられることが多いようである。

　想定事例では，たとえば，壁の画像が，そのまま入力データとなるのではなく，壁の画像に加工を施したものを入力データとする場合において，加工前の壁の画像が生データに該当することとなる。

ウ　学習用データセット

　学習用データセットとは，入力データと，入力データに対応する教師データを合わせたもの（セット）をいう。

　想定事例において，たとえば，壁の画像が10枚あり，各画像に対するリスクを数値化した教師データがあり，これらによりディープラーニングを行って学習済プログラムを作成するのであれば，学習用データセットは，10枚の壁の画像，および，各画像に対応するリスクの数値のセットとなる。

エ　学習用プログラム

　学習用プログラムとは，前記(2)エの「学習前プログラム」と同じ意味である。

オ　アノテーション

アノテーションとは，メタデータ（データに対するデータ）等を与えて，教師データを作成することである[75]。

想定事例においては，壁の画像に，各画像についてリスクを1～10で数値化したデータを付することである。また，前記④(6)エのプログラム例でいえば，たとえば，イヌの画像に「イヌ」に対応するデータ（たとえば，0等の数値）を付することをいう。

カ　学習済モデル

ディープラーニングに関して「学習済モデル」という言葉が用いられることがあるようであるが，何を指しているのかは明らかではない。ディープラーニング後のプログラムを指すのであれば，「学習済プログラム」とすればよいはずである。それにもかかわらず，「モデル[76]」という語を用いている点からすると，「学習済プログラム」とは異なる意味で用いられるものと思われる。

いずれにせよ，ディープラーニングに関して用いられる「学習済モデル」の意味が明らかではない以上，ディープラーニングに関する契約において，「学習済モデル」という文言を規定することは望ましくないものと思われる。そして，仮に契約文言に「学習済モデル」という文言を用いるのであれば，契約当事者間で疑義が生じないようにするために，技術的に正確であり，かつ，明確に定義をする必要がある。

キ　学習済パラメータ

「学習済パラメータ」の意味は必ずしも明らかではないが，学習済プログラムのニューロンの結合荷重を意味している場合が多いようである。

前記④(5)のとおり，ディープラーニングにより結合荷重の値は変わっていく

---

[75]　前掲注(3)・情報処理推進機構38頁。
[76]　「モデル」とは，「型，型式。現象や構造を抽象化したもの」をいう（前掲注(5)・新村2913頁）。

が，ニューラルネットワークのプログラムをディープラーニングさせることによって学習済プログラムが作成されるのであるから，各ニューロンの結合荷重のみが取引の対象や，契約の対象となることは通常は考え難い。

そのため，ディープラーニングに関する契約において，「学習済パラメータ」という文言を規定する必要がある場面は想定し難い。

ク　ハイパーパラメータ

「学習済パラメータ」の意味は必ずしも明らかではないが，学習前プログラムにおける条件（ニューラルネットワークの層の数，ニューロンの数，学習の回数等）を指しているように思われる。

しかし，「ハイパーパラメータ」の意味が明らかではない以上，ディープラーニングに関する契約において，「ハイパーパラメータ」という文言を規定することは望ましくないものと思われる。そして，仮に契約文言に「ハイパーパラメータ」という文言を用いるのであれば，契約当事者間で疑義が生じないようにするために，技術的に正確であり，かつ，明確に定義をする必要がある。

ケ　AI生成物

AI生成物とは，学習済プログラムに，入力をした際の出力を指している。

想定事例においては，学習済プログラムに，新たに壁の亀裂の画像を入力した際に出力されるリスクを表す1〜10のいずれかの数値である。

7

今後の傾向

(1) 画像認識の分野でのディープラーニングのさらなる進展

　画像認識の分野では，すでに，ディープラーニングのうち，CNNが大きな成果を挙げており[77]，[78]，今後も同様の傾向が続くと思われる。

　特に，医療画像については，ディープラーニングによるX線画像の分析が，診断医による分析の精度を超える事例が出てきている。しかも，最新のマルチスライスのX線CT装置では，1回の検査で千枚を超える画像が撮影される。そのため，医療分野ではすでに医療画像に対してディープラーニングを適用する取り組みが進められている[79]。

(2) 説明可能なAI（XAI：Explainable AI）

　ディープラーニングにより作成されたプログラムが，ある入力に対して，なぜ，その出力をしたかについて，人が理解できるように説明することは難しい。なぜなら，学習済プログラムは，入力データ・教師データを用いて学習前プログラムをディープラーニングさせて，結合荷重を修正していったものであり，人が理解できる根拠に基づいてプログラムが作成されているわけではないから

---

[77]　前掲注(3)・情報処理推進機構24頁。
[78]　前掲注(28)・人工知能学会監修153頁。
[79]　本パラグラフにつき，前掲注(3)・情報処理推進機構98頁，212頁～213頁。

である。このように，ディープラーニングにより作成されたプログラムは，人が理解できる根拠で説明することができない面があるため，医療等の高い信頼性が求められる分野では，慎重な見方をされることがある。そこで，この課題を解決する説明可能なAI（以下「XAI」という）を求める声が上がっている。また，ディープラーニング以外の機械学習についても，アルゴリズムが複雑になると，開発者がアルゴリズムを理解していたとしても，利用者にとっては事実上ブラックボックスになってしまうため，同様にXAIを求める声が上がっている[80]。

　そして，米国防高等研究計画局（DARPA）は，2017年～2021年の5年計画でXAIの開発を進めている[81]。

(3)　ディープラーニングのオープンソースソフトウェア化（OSS化）の流れ

　オープンソースソフトウェア（以下「OSS」という）に明確な定義はないが[82]，概ね，ソースコードが公開されており，誰でも入手可能であり，自由に改変，配付することができるソフトウェアをいう。ただし，OSSには利用条件（ライセンス条件）が定められているため，当該利用条件を遵守して利用する必要がある。

　AIの分野では，大手IT企業等が，ディープラーニングやDL以外機械学習で用いられるフレームワーク，ライブラリ等をOSSとして公開している。たとえば，Googleが開発したディープラーニングのフレームワークであるTensorFlow，Facebookのサポートのもとで構築されているフレームワークであるPyTorch，Microsoftが開発したライブラリであるCNTK，カリフォルニア

[80]　本パラグラフにつき，高野敦「もうブラックボックスじゃない　根拠を示してAIの用途拡大」日経エレクトロニクス2018年9月号（2018年）53頁～55頁。
[81]　米国防高等研究計画局（DARPA）ウェブサイト（https://www.darpa.mil/attachments/XAIProgramUpdate.pdf）。
[82]　Open Source Initiative（OIN）は，10の要件により，OSSを定義している（https://opensource.org/osd）。

大学バークレー校の研究センター（BVLC）が中心となって開発したディープ
ラーニングのライブラリであるCaffe等が，それぞれOSSとして公開されている。

　大手IT企業等がAIに関するフレームワーク，ライブラリ等をOSSとして公
開しているため，AIの開発においては，OSSの利用が不可避となりつつあ
る[83]。

　AIのフレームワーク，ライブラリ等については，今後もOSS化の流れが続
くことが予想される。

⑷　クラウドコンピューティングサービスの利用

　企業がディープラーニングやDL以外機械学習を利用するためには，膨大な
データを管理するためのストレージや，膨大な計算処理をするためのサーバー
資源，膨大なデータを高速に処理するためのGPU[84]を搭載した計算環境が必
須であるが，これを各企業で揃えることは容易ではない。

　これに対して，クラウドコンピューティング[85]サービスを利用すれば，こ
れらの問題を解決することができる[86]。

　そのため，今後はクラウドサービスを利用した開発が行われることが多く
なっていくことが予想される。

---

[83]　OSSを適法に使っていても，コミュニティのマナーに違反すると炎上する時代になっ
てきているため，コミュニティに参加し，貢献し，ともに課題解決していくことが重要
であるとの指摘がなされている（遠藤雅人「オープンイノベーション促進のための新た
な知財課題」（知的財産戦略本部　検証・評価・企画委員会主催の産業財産権分野・コン
テンツ分野合同会合（第5回）資料3−2）（https://www.kantei.go.jp/jp/singi/
titeki2/tyousakai/kensho_hyoka_kikaku/2019/sangyou/dai5/siryou3-2.pdf））。
[84]　GPU（Graphics Processing Unit）は，画像処理装置（チップ）であり，画像処理
で利用するような演算処理に特化しているため，行列演算などの単純計算を得意とする
（前掲注⑵・多田306頁）。
[85]　クラウドコンピューティングについては確立した定義は存在しないものの，一般にク
ラウドコンピューティングの特徴として，高度なスケーラビリティ（拡張性），抽象化
されたコンピュータリソースであること，サービスとして提供されること，利用料金が
安価であることが挙げられており，これらの特徴を有するものがクラウドコンピュー
ティングと呼ばれることが多い（濱野敏彦「クラウド・コンピューティングの概念整理
⑴」NBL918号（2009年）24頁）。
[86]　前掲注⑾・情報処理推進機構109頁～112頁。

データの価値の高まりと
限定提供データの創設

　第2章では，データの価値の高まりを受けて，データを新たな知的財産として保護するために創設された限定提供データについて説明する。

　具体的には，限定提供データの創設の背景（後記①），限定提供データの定義（後記②），限定提供データに係る不正競争行為（後記③），限定提供データに係る不正競争行為に対する措置（後記④）について説明する。

1

限定提供データの創設の背景

(1) データの価値の高まりとAIの進展

　データとは，「①立論・計算の基礎となる，既知のあるいは認容された事実・数値。資料。与件。②コンピューターで処理する情報」[1]と定義されるように，一般的に広い意味で用いられている。しかし，このように広い意味の「データ」のすべてについて，価値が高まっているわけではない。そこで，本書では，取引価値を増しており，適切な管理・保護を行えば知的財産（営業秘密，限定提供データ等）により保護され得るデータを念頭において，「データ」という言葉を用いるものとする。

　データの具体例としては，工作機械，橋梁等のセンサから得られる稼働状況等のデータ，気象データ，化学物質等の素材データ，自動車の車載センサ，ウェアラブル機器，スマートフォン等から得られる消費等の動向のデータ等が挙げられる[2]。

　近時，データの価値が高まっている理由は，主に2つである。

　1つめは，ディープラーニングの進展である。ディープラーニングは，画像認識等の分野を中心に顕著な成果を挙げ続けている。そして，一般的に，ディープラーニングにより作成されるプログラムでは，学習用のデータの質が

---

(1)　新村出編『広辞苑〔第七版〕』（岩波書店，2018年）1989頁。
(2)　産業構造審議会知的財産分科会不正競争防止小委員会作成に係る平成30年1月付「データ利活用促進に向けた検討　中間報告」3頁。

高いほど，また，データが多いほど，精度が高くなる。そのため，ディープラーニングのための学習用のデータとして，データの価値が高まってきている。

　2つめは，データの量の増加によりデータから重要な情報が得られやすくなった点である。技術の進展等によりデータを大量に蓄積しやすくなり，このような大量のデータを分析（統計的な分析，DL以外機械学習等）することによって，企業にとって競争力の源泉となる重要な情報を得られやすくなってきた。そのため，このような重要な情報を得るために，その元となるデータの価値が高まってきている。

(2)　従来の法令によるデータ保護の限界

　前記(1)のとおり，近時，データの価値が高まっているにもかかわらず，以下のとおり，従来の法令ではデータの保護が必ずしも十分ではないため，安心して他社にデータを提供できないという懸念が提起されていた。

　まず，これらのデータには，一定の目的に沿ったかたちで集積されたことに価値があるものがあり，その場合，その中身には公知のものを含んだり，その一部は一定の条件下で社外に広く提供されたりするケースもあり，営業秘密（不正競争防止法2条6項）の要件である秘密管理性や非公知性を満たさない場合があるため，営業秘密による保護では不十分である。

　次に，著作物として保護されるためには創作性が要件となるが（著作権法2条1項1号），一般的にデータ自体が創作性を有することはほとんどないため，著作権法による保護では不十分である[3]。

　そして，民法の不法行為（民法709条）に基づく保護も考えられるが，不正競争防止法で保護されない情報が「法律上保護される利益」に該当するか否かは

---

[3]　著作権法は，データベースも保護対象としているが，データベースとして保護されるためには，「情報の選択又は体系的な構成によつて創作性を有するもの」でなければならないため（著作権法12条の2），どのデータを集めるか，または，どのようにデータを並べるかについて工夫がなされている結果，創作性が認められるものでなければ保護されない。したがって，著作権法では保護が不十分といわざるをえない。

必ずしも明らかではない[4] ために予見しづらく，また，原則として差止請求は認められない[5], [6]。さらに，契約により保護するという方法は可能であるが，契約による場合には，契約当事者以外の者には契約に基づく請求を行うことができない。すなわち，第三者がこれらのデータを不正に取得し，使用・開示した場合には，不正アクセス禁止法等の刑罰法規に該当する場合に刑事告訴する途は残されているものの，その要件は厳格である上に，民事の枠組みで損害賠償・差止めによる救済を求めることはできない。

このように，従来の法令では，これらのデータの保護には限界があった。

(3)　不正競争防止小委員会等における検討経緯

前記(2)のとおり，従来の法令ではデータの保護が必ずしも十分ではないため，新たな法制度の整備を行わなければデータの安全な流通を妨げられ，データの有益な取引が進められなくなるおそれがあるという問題意識から，法制面においての検討が進められた。

知的財産戦略本部の「新たな情報財検討委員会」では，新たな保護制度として，データに係る不正行為を類型化して規律することが適当であるとされた。これに対して，新たに排他的な権利の付与を行う方法についても検討されたが，排他的な権利を与えると権利者が利用を拒否することができることとなるため，データの利活用促進という観点から望ましくないとされた[7]。

---

(4)　個別の知的財産法の保護の規律が及ばない成果の利用行為に対して一般不法行為該当性を否定した最判平成23・12・8民集65巻9号3275頁の基準の下で，個別のデータ利用行為に関して一般不法行為該当性を否定するものとして，田村善之「ビッグ・データの不正利用行為規制の新設について―平成30年不正競争防止法改正の解説」法学教室462号（2019年）67頁。これに対し，ビッグ・データの利用行為について，一般不法行為による保護の可能性を必ずしも否定しないものとして，上野達弘「自動集積される大量データの法的保護」パテント70巻2号（2017年）33頁。

(5)　我妻榮ほか『我妻・有泉コンメンタール民法―総則・物権・債権―〔第6版〕』（日本評論社，2019年）1511頁。

(6)　不法行為（民法709条）では原則として差止請求は認められないために，不正競争防止法では，損害賠償請求権に加えて，特に差止請求権を付与している（経済産業省知的財産政策室編『逐条解説　不正競争防止法』（商事法務，2016年）23頁）。

(7)　知的財産戦略本部「新たな情報財検討委員会報告書（平成29年3月）」(https://

　そして，経済産業省の産業構造審議会知的財産分科会「営業秘密の保護・活用に関する小委員会」において，データの不正取得行為等を新たな不正競争行為として位置づけるという方向性が示された[8]。

　さらに，経済産業省の産業構造審議会知的財産分科会「不正競争防止小委員会」においては，安心してデータを提供できる制度の導入を求める声があった一方で，過度に広範な行為を「不正競争行為」とすればデータの利活用を阻害するとの懸念が表明された。そこで，データの提供者と利用者の保護のバランスを考慮して，悪質性の高い行為に限定して新たな「不正競争行為」を創設することとした。一方で，刑事措置については今後の状況を踏まえて引き続き検討することとして，平成30年改正では導入しないこととされた[9]。これらの検討を経て，2018年2月27日に「不正競争防止法等の一部を改正する法律案」が閣議決定され，同案が第196回通常国会に提出され，平成30年5月23日に成立し，同月30日に「不正競争防止法等の一部を改正する法律」（法律第33号）が公布された。この改正法は，令和元年7月1日から施行されている（不正競争防止法等の一部を改正する法律の施行期日を定める政令，平成30年9月7日閣議決定）。

　平成31年1月23日には，経済産業省が，限定提供データの各要件の考え方，該当する行為等の具体例を盛り込んだガイドラインとして，「限定提供データに関する指針」（以下「限定提供データガイドライン」という）を公表した。

www.kantei.go.jp/jp/singi/titeki2/tyousakai/kensho_hyoka_kikaku/2017/johozai/houkokusho.pdf）。
⑻　産業構造審議会　知的財産分科会　営業秘密の保護・活用に関する小委員会「第四次産業革命を視野に入れた不正競争防止法に関する検討　中間とりまとめ（平成29年5月）」（http://www.meti.go.jp/report/whitepaper/data/pdf/20170509001_1.pdf）。
⑼　産業構造審議会　知的財産分科会　不正競争防止小委員会「データ利活用促進に向けた検討　中間報告（平成30年1月）」（http://www.meti.go.jp/report/whitepaper/data/pdf/20180124001_01.pdf）。

2 限定提供データ（不正競争防止法２条７項）の定義

限定提供データは，不正競争防止法２条７項において，以下のとおり，定義されている。以下では，限定提供データの要件について説明する。

> （定義）
> 第２条
> 7　この法律において「限定提供データ」とは，業として特定の者に提供する情報として電磁的方法（電子的方法，磁気的方法その他人の知覚によっては認識することができない方法をいう。次項において同じ。）により相当量蓄積され，及び管理されている技術上又は営業上の情報（秘密として管理されているものを除く。）をいう。

(1)　限定提供性（「業として特定の者に提供」）

「業として」とは，データ保有者の反復継続して提供する意思が認められる場合をいう。反復継続的に提供している場合，または，まだ実際にはデータ保有者がデータの提供を行っていない場合であっても，データ保有者の反復継続して提供する意思が認められる場合には，「業として」に該当する。たとえば，データ保有者が，翌月からデータの販売を開始する旨をウェブサイトで公開している場合には，原則として「業として」に該当する。また，事業として提供している場合には，基本的には「業として」に該当する[(10)]。

　データ保有者は，法人であるか，個人であるかを問わない。また，営利・非営利を問わない[11], [12]。

　「特定の者」とは，一定の条件の下でデータ提供を受ける者をいい，特定されていれば，実際にデータ提供を受けている人数の多寡は問わない[13]。そのため，特定の１社のみに提供する場合にも，「特定の者」に該当する。また，(i)会費を払えば誰でも提供を受けられるデータについて会費を支払って提供を受ける者や，(ii)データを共有するコンソーシアムが，参加について一定の資格要件を課している場合において，当該コンソーシアムに参加する者が該当する[14]。

⑵　電磁的管理性（「特定の者に提供する情報として電磁的方法……により……蓄積され，及び管理されている」）

　「電磁的方法」とは，「電子的方法，磁気的方法その他人の知覚によっては認識することができない方法をいう」（不正競争防止法２条７項括弧書）。

　限定提供データの要件として電磁的管理性が求められるのは，データ保有者がデータを提供する際に，「特定の者」に対してのみ提供するものとして管理する意思が外部に対して明確に示されることによって，「特定の者」以外の第三者の予見可能性や，経済活動の安定性を確保するためである[15]。

　電磁的管理性の要件が満たされるためには，特定の者に対してのみ提供するものとして管理するという保有者の意思を第三者が一般的にかつ容易に認識できるかたちで管理されている必要がある[16]。

---

[10]　本パラグラフにつき，限定提供データガイドライン８頁。
[11]　経済産業省知的財産政策室「不正競争防止法平成30年改正の概要」NBL1126号（2018年）15頁。
[12]　岡村久道「平成30年改正不正競争防止法によるデータ保護」ジュリ1525号（2018年）17頁。
[13]　限定提供データガイドライン９頁。
[14]　限定提供データガイドライン９頁。
[15]　限定提供データガイドライン10頁。
[16]　限定提供データガイドライン10頁。

　アクセス制限は，通常，ユーザーの認証により行われ，認証の方法としては，①特定の者のみが持つ知識による認証（ID，パスワード，暗証番号等），②特定の者の所有物による認証（ICカード，磁気カード，特定の端末機器，トークン等），③特定の者の身体的特徴による認証（生体情報等）等が挙げられる[17], [18]。一方，たとえば，DVDで提供されているデータについて，当該データの閲覧はできるが，コピーができないような措置が施されている場合には，原則として「電磁的管理性」の要件は満たさない[19]。

(3)　相当蓄積性（「電磁的方法……により相当量蓄積」）

　「相当量蓄積」とは，データが，電磁的方法により有用性を有する程度に蓄積していることをいう[20]。
　「相当量」に該当するか否かは，個々のデータの性質に応じて判断され，社会通念上，電磁的方法により蓄積されることによって価値を有するものが該当する。この判断においては，当該データが電磁的方法により蓄積することによって生み出される付加価値，利活用の可能性，取引価格，収集・解析にあたって投じられた労力，時間，費用等が勘案されるものと考えられる[21]。

(4)　「技術上又は営業上の情報」

　「技術上又は営業上の情報」には，利活用されている（または利活用が期待される）情報が広く該当する。「技術上」の情報の具体例としては，地図データ，機械の稼働データ，機械学習用データ等が挙げられる。また，「営業上」の情報の具体例としては，消費動向データ，市場調査データ等が挙げられる[22]。

---

[17]　本パラグラフにつき，限定提供データガイドライン10頁。
[18]　織茂昌之『情報セキュリティの基礎』（日本理工出版会，再版，2006年）30頁〜31頁。
[19]　限定提供データガイドライン11頁。
[20]　限定提供データガイドライン9頁。
[21]　限定提供データガイドライン9頁。
[22]　限定提供データガイドライン12頁。

　一方，違法な情報や，これと同視し得る公序良俗に反する有害な情報については，不正競争防止法の目的を踏まえると，「技術上又は営業上の情報」に該当しないものと考えられる。具体例としては，児童ポルノ画像データ，麻薬等の違法薬物の販売広告データ，名誉棄損罪に相当する内容のデータが挙げられる[23]。

⑸　「（秘密として管理されているものを除く。）」

　「秘密として管理されているものを除く」とは，「営業秘密」と「限定提供データ」の両方で重複して保護を受けることを避ける趣旨の要件である[24], [25]。すなわち，あるデータが営業秘密と限定提供データの両方で保護されることはなく，営業秘密の要件を満たす場合には，営業秘密として保護されることになる。

　たとえば，料金を支払えば会員になれる会員限定データベース提供事業者が，会員に対し，当該データにアクセスできるID・パスワードを付与する場合は，原則として「秘密として管理されているもの」には該当しない[26]。

　「秘密として管理されているものを除く」という文言を形式的に捉えると，公知の情報を集めたデータであり，かつ，秘密管理をされている場合には，営業秘密にも限定提供データにも該当しなくなってしまうようにも見える。しかし，そもそも，公知の情報を集めたデータが，「秘密として管理されている」という要件を充足する場合は少ないため，基本的には，当該データについては限定提供データに該当するように思われる[27]。

---

[23]　限定提供データガイドライン12頁。
[24]　限定提供データガイドライン13頁。
[25]　前掲注⑿・岡村18頁。
[26]　限定提供データガイドライン13頁。
[27]　この点について，「秘密として管理されているものを除く」という要件により限定提供データから除外されるものは，「電子データの内，非公知であって，かつ，その状態を維持すべく管理されているものとなる。逆に言うと，……秘密管理と同レベルの管理が行われていても，対象が公知の電子データである場合は，いずれも秘密として管理されているとはいえないので除外されない」との指摘もなされている（奥邨弘司「人工知能に特有の知的成果物の営業秘密・限定提供データ該当性」法律時報91巻8号（2019年）29頁）。

⑹ 「無償で公衆に利用可能となっている情報」の除外

不正競争防止法（19条1項8号ロ）には，以下のとおり規定されている。

（適用除外等）

第19条 第3条から第15条まで，第21条（第2項第7号に係る部分を除く。）及び第22条の規定は，次の各号に掲げる不正競争の区分に応じて当該各号に定める行為については，適用しない。

八 第2条第1項第11号から第16号までに掲げる不正競争 次のいずれかに掲げる行為

ロ その相当量蓄積されている情報が無償で公衆に利用可能となっている情報と同一の限定提供データを取得し，又はその取得した限定提供データを使用し，若しくは開示する行為

本規定は，限定提供データに関する不正競争行為の適用除外についての規定であるが，「無償で公衆に利用可能となっている情報と同一の限定提供データ」については，取得，使用および開示行為に該当しないことになるため，実質的に，「無償で公衆に利用可能となっている情報と同一の限定提供データ」は，「限定提供データ」として保護されないということになる。

「無償」とは，データの提供を受けるにあたり，金銭の支払いが必要ない（無料である）場合である。ただし，金銭の支払いが不要であっても，データの提供を受ける見返りとして自らが保有するデータを提供することが求められる場合や，そのデータが付随する製品を購入した者に限定してデータが提供される場合等，データの経済価値に対する何らかの反対給付が求められる場合には，「無償」には該当しないものと考えられる。これに対して，①データ提供の際に，金銭の授受はないが，ライセンス条項において，「提供を受けたデータを引用する際には，出典を示すこと」が条件とされている場合，②データ提供の

際に，データ自体に関して金銭の支払いは求められないが，データを保存する
CDの実費やその送料等の実費の支払いが求められる場合，③誰でも無償でイ
ンターネットを介してアクセスすることができるデータであって，当該データ
をアップロードしているウェブサイトの運営者が広告による収入を得ている場
合は，原則として「無償」に該当する[28]。

　「公衆に利用可能」とは，誰でも容易にアクセスできるウェブサイトにアッ
プロードされているデータのように，不特定多数の者が当該データにアクセス
可能であることをいう。当該データの利用について一定の義務（たとえば，出
典の明示等）が課されている場合であっても，不特定かつ多数の者がアクセス
可能であれば，「公衆に利用可能」に該当する[29]。

　「同一」とは，形式的に同一でなくとも，実質的に同一であれば足りると解
される[30]。たとえば，無償で公衆に利用可能となっている情報である政府が提
供する統計データの一部または全部を単純かつ機械的に並び替えたり（年次順
に並んでいるデータを昇順に並び替える等），統計データの一部を単純かつ機械的
に切り出したりして（平成22年以降のデータのみを抽出する等）提供している場
合には，原則として「同一」に該当する[31]。

---

[28]　本パラグラフにつき，限定提供データガイドライン15頁。
[29]　本パラグラフにつき，限定提供データガイドライン15頁。
[30]　本パラグラフにつき，前掲注[12]・岡村18頁。
[31]　限定提供データガイドライン16頁〜17頁。

3

限定提供データに係る不正競争行為

(1) 不正競争行為類型の概要

　限定提供データに係る不正競争行為は，不正競争防止法2条1項11号〜16号の6つの類型から成り，**図表2−1**のとおり，11号〜13号が不正取得行為についての類型，14号〜16号が著しい信義則違反についての類型である。以下，各類型について説明する。

（図表2−1）限定提供データに係る不正競争行為

	不正取得行為・不正開示行為	データ取得時に不正取得行為・不正開示行為を知っていた場合	データ取得時に不正取得行為・不正開示行為を知らず，その後に知った場合
不正取得類型	11号	12号	13号
著しい信義則違反類型	14号	15号	16号

(2)　第11号

（定義）

第2条　この法律において「不正競争」とは，次に掲げるものをいう。

　　十一　窃取，詐欺，強迫その他の不正の手段により限定提供データを取
　　　　得する行為（以下「限定提供データ不正取得行為」という。）又は限
　　　　定提供データ不正取得行為により取得した限定提供データを使用し，
　　　　若しくは開示する行為

　2条1項11号の不正競争行為は，①窃取，詐欺，強迫その他の不正の手段に
より限定提供データを取得する行為（不正取得行為），および，②不正取得行為
によって取得した限定提供データを使用，または，開示する行為である。以下，
要件について説明した上で，具体例を挙げる。

ア　要　件

　本号は，営業秘密に係る不正取得行為についての不正競争防止法2条1項4
号と同様に，アクセス権限のない者が窃取，詐欺，強迫，不正アクセス行為等
の法規違反やこれに準ずる程度の公序良俗違反の手段によって，ID・パスワー
ド，暗号化等によるアクセス制限を施した管理を破り，データ保有者から限定
提供データを取得する行為や，当該取得行為後に使用・開示する行為を「不正
競争」と位置づけている[32]。

　「窃取，詐欺，強迫その他の不正の手段」のうち，「窃取」，「詐欺」，「強迫」
は，不正の手段の例示として挙げられている。「その他の不正の手段」とは，
窃盗罪や詐欺罪等の刑罰法規に該当するような行為のみならず，社会通念上，

---

[32]　前掲注(11)・経済産業省知的財産政策室16頁。

これと同等の違法性を有すると判断される公序良俗に反する手段を用いる場合
も含まれると考えられる。すなわち，この「その他の不正の手段」としては，
不正アクセス行為の禁止等に関する法律（以下「不正アクセス禁止法」という）
に違反する行為，刑法上の不正指令電磁的記録を用いる行為等の法令違反の行
為や，これらの行為に準ずる公序良俗に反する手段によって，ID・パスワー
ドや暗号化等によるアクセス制限を施した管理を破ること等が想定されてい
る[33]。

　「取得」とは，データを自己の管理下に置くことをいう。たとえば，データ
が記録されている媒体等を介して自己または第三者がデータ自体を手に入れる
行為，データの映っているディスプレイを写真に撮る行為，（自己のパソコンの
ハードディスク，USBメモリ等にデータを保存することなく，）自己のアカウント
に係るクラウドコンピューティングサービスで自らデータを利用できる状態に
する行為，データを紙にプリントアウトして持ち出す行為等が挙げられる[34]。

　「使用」とは，データを用いる行為である。たとえば，データを用いてディー
プラーニングを行う行為，データを用いてディープラーニングを行うための
データを作成する行為，データと別途収集したデータを合わせて整理してデー
タベースを作成する行為等が挙げられる[35]。

　「開示」とは，データを第三者が知ることができる状態に置くことをいう。
実際に第三者が知ることまでは必要ない。また，「開示」の相手方が「取得」
に至っていることも必要ではないと考えられるため，誰でも容易にアクセス可
能なウェブサイトのサーバにデータをアップロードする行為も，開示に該当す
ると考えられる[36]。

---

[33] 本パラグラフにつき，限定提供データガイドライン22頁～23頁。
[34] 限定提供データガイドライン19頁。
[35] 本パラグラフにつき，限定提供データガイドライン19頁～20頁。
[36] 限定提供データガイドライン20頁～21頁。

イ　具体例

　限定提供データの「取得」の具体例としては，(i)データ提供事業者Aが会員のみに対してデータの提供を行っている場合において，会員ではないXが，データ提供事業者Aが保存していたデータを，会員のID・パスワードを会員の許諾なく用いて取得する場合や，(ii)A会社の従業員Xが，A会社の情報管理室の操作担当者Yに虚偽の事実を述べて，A会社のデータを電子記録媒体に保存させて，当該電子記録媒体を取得する場合が挙げられる。

　また，「使用」の具体例としては，前記(i)の具体例によりデータを取得したXが，当該データを用いてディープラーニングを行う場合が挙げられる。さらに，「開示」の具体例としては，前記(i)の具体例によりデータを取得したXが，データブローカーBに対して当該データを販売する行為が挙げられる。

(3)　第12号

（定義）

第2条　この法律において「不正競争」とは，次に掲げるものをいう。

　十二　その限定提供データについて限定提供データ不正取得行為が介在
　　　　したことを知って限定提供データを取得し，又はその取得した限定提
　　　　供データを使用し，若しくは開示する行為

　2条1項12号の不正競争行為は，①ある限定提供データが不正な取得行為によって取得されたものであることを知って，その限定提供データを取得する行為，および，②①の行為によって取得した限定提供データを使用し，または，開示する行為である。以下，要件について説明した上で，具体例を挙げる。

ア　要　件

　本号は，限定提供データは，複製が容易であり，拡散するおそれが高いことに鑑み，取引の安全との均衡を図りつつ，限定提供データの不正取得行為が介

在した場合における不正取得行為者からの直接または間接の取得者の行為についても，一定の場合には不正競争行為とするものである。

　営業秘密の場合には，「重大な過失により知らないで」営業秘密を取得した場合も不正競争行為としているのに対して（不正競争防止法2条1項5号），本号では，「重大な過失により知らないで」限定提供データを取得した場合は不正競争行為の対象とせず，「知って」いた場合のみを対象としている。これは，限定提供データに係る不正競争行為は悪質性の高い行為に限定するべきであり，入手経路についての注意義務を転得者に課すべきではないと考えられたことによる[37]。

　「介在」とは，自らが取得する前のいずれかの時点で不正取得行為がなされたことをいう。したがって，不正取得行為を行った者から直接取得する場合だけでなく，間接的に取得する場合であっても，取得時に不正取得行為があったことについて悪意であるのであれば，その取得行為，取得後の使用行為および開示行為は不正競争行為になる[38]。

　「知って」に該当するためには，①限定提供データ不正取得行為の存在と，②限定提供データ不正取得行為が行われたデータと転得した（転得する）データとが同一であること（データの同一性）の両方について認識していることが必要である[39]。

　イ　具体例

　限定提供データの「取得」の具体例としては，A会社が，ハッカーXが不正アクセス行為により取得したデータであることを知りながら，当該データをハッカーXから買い取る場合が挙げられる。

　また，「使用」の具体例としては，前記の具体例により限定提供データを取得したA会社が，当該データを用いて自社のソフトウェア開発を行う場合が挙

---

[37]　前掲注(9)・産業構造審議会　知的財産分科会　不正競争防止小委員会11頁。
[38]　本パラグラフにつき，限定提供データガイドライン37頁。
[39]　限定提供データガイドライン37頁〜38頁。

げられる。さらに,「開示」の具体例としては,前記の具体例によりデータを取得したA会社が,当該データをデータブローカーBに販売する行為が挙げられる。

(4) 第13号

> （定義）
> 第2条 この法律において「不正競争」とは,次に掲げるものをいう。
> 　十三 その取得した後にその限定提供データについて限定提供データ不
> 　　　正取得行為が介在したことを知ってその取得した限定提供データを開
> 　　　示する行為

　2条1項13号の不正競争行為は,ある限定提供データが不正な取得行為によって取得されたものであることを知らずに取得し,その後に当該限定提供データに不正取得行為が介在したことを知って,当該限定提供データを開示する行為である。第12号が不正な取得行為の介在を知って取得等する場合であるのに対して,第13号は取得時には不正取得行為の介在を知らず,その後に知った場合である。以下,要件について説明した上で,具体例を挙げる。

ア 要 件

　本号は,第12号の場合と同様に,限定提供データは,複製が容易であり,拡散するおそれが高いことに鑑み,取引の安全との均衡を図りつつ,限定提供データの不正取得行為が介在した場合における不正取得行為者からの直接または間接の取得者の行為についても,一定の場合には不正競争行為とするものである。

　「介在」,「知って」の意味は,前記(3)アを参照されたい。

　また,「重大な過失により知らないで」限定提供データを取得した場合は不正競争行為の対象とせず,「知って」いた場合のみを対象としている点につい

ても前記(3)アの第12号の場合と同様である。そして，営業秘密の場合（不正競争防止法2条1項6号）および第12号の場合には，使用行為と開示行為の両方を不正競争行為としているのに対して，本号では開示行為のみを不正競争行為としている。

　さらに，開示行為についても，以下のとおり，取引によって取得した権原の範囲内において限定提供データを開示する行為は，不正競争行為に該当しない（不正競争防止法19条1項8号イ）。限定提供データの取得時に，不正取得行為を知らない者に過大な責任を負わせることになると，限定提供データの利活用や流通を阻害するおそれがあるために，適用除外としているものである[(40)]。

　したがって，限定提供データの受領者としては，受領時にその限定提供データが不正に取得したものであることを知らなければ，自ら利用することは制限されず，また，受領時に締結する契約の範囲内で第三者に提供することは引き続き行うことができることになる。

（適用除外等）

第19条　第3条から第15条まで，第21条（第2項第7号に係る部分を除く。）及び第22条の規定は，次の各号に掲げる不正競争の区分に応じて当該各号に定める行為については，適用しない。

　八　第2条第1項第11号から第16号までに掲げる不正競争　次のいずれかに掲げる行為

　　イ　取引によって限定提供データを取得した者（その取得した時にその限定提供データについて限定提供データ不正開示行為であること又はその限定提供データについて限定提供データ不正取得行為若しくは限定提供データ不正開示行為が介在したことを知らない者に限る。）がその取引によって取得した権原の範囲内においてその限定提供データを開示する行為

---

(40)　前掲注(12)・岡村20頁。

イ　具体例

　データ流通事業者Aが，データ提供事業者Bとの間でデータ利用契約を締結し，データ提供事業者Bからデータの提供を受けた後になって，当該データが，データ提供事業者Bが不正取得行為により取得したデータであると知ったにもかかわらず，データ流通事業者Aが，その後にC会社に当該データを販売する場合が挙げられる。

　前記アの適用除外（不正競争防止法19条1項8号イ）の具体例としては，前記の具体例において，データ流通事業者Aが，データ提供事業者Bによる当該不正取得行為が介在したことを知る前に，データ提供事業者Bとの間で締結したデータ利用契約において，3年間は第三者に対して当該データの販売をすることができる旨が規定されており，当該3年の間に，データ流通事業者Aが当該データをC会社に販売する場合が挙げられる（この場合，当該データ流通事業者Aの行為は不正競争行為には該当しないこととなる）。

(5)　第14号

> （定義）
> 第2条　この法律において「不正競争」とは，次に掲げるものをいう。
> 　十四　限定提供データを保有する事業者（以下「限定提供データ保有者」という。）からその限定提供データを示された場合において，不正の利益を得る目的で，又はその限定提供データ保有者に損害を加える目的で，その限定提供データを使用する行為（その限定提供データの管理に係る任務に違反して行うものに限る。）又は開示する行為

　2条1項14号の不正競争行為は，限定提供データを保有する事業者（以下「限定提供データ保有者」という）からその限定提供データを示された場合に，不正の利益を得る目的，または，限定提供データ保有者に損害を加える目的で，使用（その限定提供データの管理に係る任務に違反して行う使用に限る），または，

開示する行為である。以下，要件について説明した上で，具体例を挙げる。

ア　要　件

　本号は，限定提供データ保有者が，限定提供データにアクセス権限を有する業務委託先等に対して限定提供データを示した場合に，当該業務委託先等が不正の利益を得る目的，または，限定提供データ保有者に損害を加える目的（図利・加害目的）で，その限定提供データを保有者から許されない態様（第三者提供禁止義務違反，目的外使用禁止義務違反）で，使用，または，開示する行為を「不正競争」と位置づけている[41]。

　「使用」，「開示」の意味は，前記(2)アを参照されたい。本号は，限定提供データ保有者から正当に開示された場合であるから，「取得」は不正競争行為の対象外である。

　本号は，「開示」行為については，図利・加害目的のみを要件としている。これに対して，「使用」行為については図利・加害目的に加えて，限定提供データ保有者と正当に限定提供データを示された者（取得者）との間の委託信任関係が存在し，その委託信任関係に基づく任務（限定提供データの管理に係る任務）に違反して行う行為，すなわち，横領・背任に相当する悪質性の高い行為に限定している[42]。

　「不正の利益を得る目的」（図利目的）とは，競争関係にある事業を行う目的のみならず，広く公序良俗または信義則に反する形で不当な利益を図る目的のことをいう。そのため，限定提供データ保有者と競合するサービスを行うことは，図利目的を肯定する要素になり得るものの，必須の要件とはならないものと解される[43]。

　また，「保有者に損害を加える目的」（加害目的）とは，限定提供データ保有者に対し，財産上の損害，信用の失墜，その他の有形無形の不当な損害を加え

---

[41]　前掲注(11)・経済産業省知的財産政策室18頁。
[42]　前掲注(11)・経済産業省知的財産政策室18頁。
[43]　本パラグラフにつき，経済産業省知的財産政策室編『逐条解説　不正競争防止法〔第2版〕』（商事法務，2019年）112頁。

る目的のことを指し，現実に損害が生じることは要しない[44]。

イ　具体例

　限定提供データの「使用」の具体例としては，(i)A会社が，システム開発会社Bに対して，A会社が委託したデータ分析のためのみに使用するという合意の下で分析対象データを提供したにもかかわらず，システム開発会社Bが，C会社から委託を受けているソフトウェアの開発に当該データを使用する場合や，(ii)A会社の従業員Xが，上司である従業員Yからデータを記録した電子記録媒体を業務で使用する目的で受け取った後，当該電子記録媒体を自宅に持ち帰り，A会社を退職後に，自らプログラムを作成して販売することを目的として，当該電子記録媒体に記録されているデータを用いたディープラーニングを行う場合が挙げられる。

　限定提供データの「開示」の具体例としては，前記の具体例(i)においてシステム開発会社Bが，当該データを，データブローカーDに販売する場合が挙げられる。

(6)　第15号

（定義）

第2条　この法律において「不正競争」とは，次に掲げるものをいう。

　十五　その限定提供データについて限定提供データ不正開示行為（前号に規定する場合において同号に規定する目的でその限定提供データを開示する行為をいう。以下同じ。）であること若しくはその限定提供データについて限定提供データ不正開示行為が介在したことを知って限定提供データを取得し，又はその取得した限定提供データを使用し，

> 若しくは開示する行為

　2条1項15号の不正競争行為は，①14号に該当する限定提供データの不正開示行為であること，または，当該不正開示行為が介在したことを知って，②その限定提供データを取得し，または，その取得した限定提供データを使用または開示する行為である。以下，要件について説明した上で，具体例を挙げる。

ア　要　件

　本号は，限定提供データは，複製が容易であり，拡散するおそれが高いことに鑑み，取引の安全との均衡を図りつつ，限定提供データの不正開示行為が介在した場合における不正取得行為者からの直接または間接の取得者の行為についても，一定の場合には不正競争行為とするものである。

　「介在」とは，自らが取得する前のいずれかの時点で不正開示行為がなされたことをいう。したがって，不正開示行為を行った者から直接取得する場合だけでなく，間接的に取得する場合であっても，取得時に不正開示行為があったことについて悪意であるのであれば，その取得行為，取得後の使用行為および開示行為は不正競争行為になる[45]。

　「知って」に該当するためには，①限定提供データ不正開示行為の存在と，②限定提供データ不正開示行為が行われたデータと転得した（転得する）データとが同一であること（データの同一性）の両方について認識していることが必要である[46]。

　また，「重大な過失により知らないで」限定提供データを取得した場合は不正競争行為の対象とせず，「知って」いた場合のみを対象としている点についても前記(3)アの第12号の場合と同様である。

---

[45]　本パラグラフにつき，限定提供データガイドライン37頁。
[46]　限定提供データガイドライン37頁〜38頁。

イ　具体例

　限定提供データの「取得」の具体例としては，A会社が，システム開発会社Bに対して，A会社が委託したデータ分析のためのみに使用するという合意の下で分析対象データを提供したところ，A会社の競合会社であるC会社が，システム開発会社BがC会社に対して当該データを提供する行為が，システム開発会社Bが図利・加害目的に基づいて行う不正な開示行為であることを知った上で，システム開発会社Bから当該データを買い取る場合が挙げられる。

　限定提供データの「使用」の具体例としては，前記の具体例において，C会社が，当該データを用いて，ソフトウェア開発を行う場合が挙げられる。

　限定提供データの「開示」の具体例としては，前記の具体例において，C会社が，当該データをデータブローカーDに販売する場合が挙げられる。

(7)　第16号

（定義）

第2条　この法律において「不正競争」とは，次に掲げるものをいう。

　　十六　その取得した後にその限定提供データについて限定提供データ不
　　　　正開示行為があったこと又はその限定提供データについて限定提供
　　　　データ不正開示行為が介在したことを知ってその取得した限定提供
　　　　データを開示する行為

　2条1項16号の不正競争行為は，限定提供データを取得した後になって，その取得が不正開示行為による取得であること，または，限定提供データを取得するまでに不正開示行為が介在したことを知って，その限定提供データを開示する行為である。第15号が不正な開示行為または不正な開示行為の介在を知って取得等する場合であるのに対して，第16号は取得時には不正な開示行為または不正な開示行為の介在を知らず，その後に知った場合である。以下，要件について説明した上で，具体例を挙げる。

ア　要　件

本号は，第15号の場合と同様に，限定提供データは，複製が容易であり，拡散するおそれが高いことに鑑み，取引の安全との均衡を図りつつ，限定提供データの不正開示行為が介在した場合における不正取得行為者からの直接または間接の取得者の行為についても，一定の場合には不正競争行為とするものである。

「介在」，「知って」の意味は，前記(6)アを参照されたい。

また，「重大な過失により知らないで」限定提供データを取得した場合は不正競争行為の対象とせず，「知って」いた場合のみを対象としている点についても前記(3)アの第12号の場合と同様である。そして，営業秘密の場合（不正競争防止法2条1項9号）および第12号の場合には，使用行為と開示行為の両方を不正競争行為としているのに対して，本号では開示行為のみを不正競争行為としている。

さらに，開示行為についても，前記(4)アのとおり，取引によって取得した権原の範囲内において限定提供データを開示する行為は，不正競争行為に該当しない（不正競争防止法19条1項8号イ）。限定提供データの取得時に不正取得行為を知らない者に過大な責任を負わせることになると，限定提供データの利活用や流通を阻害するおそれがあるために，適用除外としているものである[47]。

したがって，限定提供データの受領者としては，受領時にその限定提供データについて不正開示行為が介在したことを知らなければ，自ら利用することは制限されず，また，受領時に締結する契約の範囲内で第三者に提供することは引き続き行うことができることになる。

イ　具体例

A会社が，B会社との間でデータ利用契約を締結し，B会社からデータの提供を受けた後になって，当該データは，B会社が，C会社との間で共同開発契

---

[47]　前掲注(12)・岡村21頁脚注12。

約を締結した上でＣ会社から提供を受けたデータであり，当該共同開発契約により当該データをＣ会社との共同開発以外の目的で使用・開示することが禁止されていることを知ったにもかかわらず，その後にＡ会社が当該データをＤ会社に販売する行為が挙げられる。

　前記アの適用除外（不正競争防止法19条１項８号イ）の具体例としては，前記の具体例において，Ａ会社が，Ｂ会社からＡ会社に対するデータの提供がＢ会社の不正開示行為であることを知る前に，Ａ会社がＢ会社との間で締結したデータ利用契約において，３年間は当該データの販売をすることができる旨が規定されており，当該３年の間に，Ａ会社が当該データをＤ会社に販売する場合が挙げられる（この場合，当該Ａ会社の行為は不正競争行為には該当しないこととなる）。

⑻　限定提供データに係る不正競争行為と，営業秘密に係る不正競争行為の比較

　限定提供データに係る不正競争行為については，営業秘密に係る不正競争行為の規定を参考にして，必要な規定が設けられており[48]，概ね，**図表２－２**のとおりの対応関係になっている。

　営業秘密に係る不正競争行為のうち，10号では，一定の場合に営業秘密を使用することにより生じた物の譲渡等について不正競争行為としているのに対して，限定提供データに係る不正競争行為には，10号に対応する規定は存在しない[49]。

---

[48]　前掲注⑾・経済産業省知的財産政策室17頁。

[49]　営業秘密の「使用」については，立法担当者は，「営業秘密を使用して製造された製品を販売する行為等は，営業秘密の使用行為には該当しない」としているが（通商産業省知的財産政策室『営業秘密　逐条解説改正不正競争防止法』（有斐閣，1990年）76頁），裁判例においては，営業秘密を使用して製造された製品についても使用に該当するとしている裁判例が見られる（東京高判平成14・１・24カートクレーン設計図不正取得事件，大阪地判平成15・２・27セラミックコンデンサー設計図不正取得事件）。したがって，限定提供データについても，限定提供データを使用することにより生じた物の譲渡が，限定提供データに係る不正競争行為のうち，「使用」に該当すると判断される可能性があるものと思われる。

（図表２－２）限定提供データに係る不正競争行為と，営業秘密に係る不正競争行為の比較

限定提供データに係る不正競争行為	対応する営業秘密に係る不正競争行為	営業秘密に係る不正競争行為と異なる点
11号	4号	
12号	5号	重過失は対象外
13号	6号	①重過失は対象外 ②「使用」行為は対象外 ③取引によって取得した権原の範囲内の「開示」は除外事由（19条１項８号イ）
14号	7号	
15号	8号	重過失は対象外
16号	9号	①重過失は対象外 ②「使用」行為は対象外 ③取引によって取得した権原の範囲内の「開示」は適用除外（19条１項８号イ）

(9)　まとめ

　不正競争防止法における限定提供データに関する不正競争行為（２条１項11号〜16号）は，大きく２つに分けることができる。

　２条１項11号から13号までは，不正取得行為についての類型である。(1)11号は，①限定提供データの不正取得行為，②不正取得した限定提供データの使用・開示行為，(2)12号は，①不正取得行為が介在したことを知って，限定提供データを取得（転得）する行為，②当該取得（転得）した限定提供データの使用・開示行為，(3)13号は，限定提供データの取得後（転得後）に，不正取得行為の介在を知って行う開示行為である。

　一方，２条１項14号から16号までは，著しい信義則違反についての類型である。(1)14号は，限定提供データ保有者から開示を受けた者が，限定提供データを図利・加害目的で使用（管理に係る任務に違反して行う使用に限る）・開示する

行為，⑵15号は，①14号の不正開示行為であること，または，14号の不正開示
行為が介在したことを知って取得（転得）する行為，②その取得（転得）した
限定提供データの使用・開示行為，⑶16号は，限定提供データの取得後（転得
後）に，不正開示行為があったこと，または，不正開示行為の介在を知って行
う開示行為である。

　限定提供データに係る不正競争行為（不正競争防止法2条1項11号～16号）と，
営業秘密に係る不正競争行為（同項4号～9号）は，**図表2－2**のとおり，一
定程度，対応関係があるため，両者を比較しつつ，両者の異なる点について確
認をしておくことが有益である。

4

限定提供データに係る不正競争行為に対する措置

　限定提供データに係る不正競争行為に対しては，営業秘密の場合と同様に，差止め（3条），損害賠償（4条），信用回復措置（14条）等の民事上の措置が適用される。また，損害賠償については，損害額の推定規定（5条）も適用される。差止請求の消滅時効は，営業秘密と同様に取り扱われる（15条2項）。

　限定提供データについての刑事的措置は，前記①(3)のとおり，平成30年改正では導入せず，今後の状況を踏まえて引き続き検討することとされた。

第 **3** 章

データに関する権利等と，データの管理・保護

　第3章では，データに関する権利等と，データの管理・保護について説明する。

　具体的には，データに発生し得る権利等（後記①），データに関する法規制（後記②），データに発生し得る権利等の中心である営業秘密と限定提供データの関係（後記③），データの管理・保護（後記④），データに関する責任追及（救済措置）（後記⑤），データのAI利用と著作権（後記⑥）について説明する。

1

データに発生し得る権利等

(1)　はじめに

　第2章[1](1)のとおり，本書では，取引価値を増しており，適切な管理・保護を行えば知的財産（営業秘密，限定提供データ等）により保護され得るデータを念頭において，「データ」という言葉を用いる。

　以下では，データは無体物であるため所有権の対象とはならないことを説明した上で（後記(2)），データに発生し得る権利等（後記(3)）について説明し，最後にまとめを述べる（後記(4)）。

(2)　データには所有権が発生しないこと

　法律上，所有権が発生するのは有体物についてのみであり（民法206条，85条），無体物には所有権は発生しない。そして，データは，有体物ではなく，無体物であるから，データには所有権は発生しない。

　それにもかかわらず，「データは甲の所有とする」，「データは甲のものとする」として，データに所有権が発生することを前提としていると思われる契約条項が散見される。データには所有権が発生しないため，これらの条項の意味は文言自体からは明らかではなく，契約締結当時の当事者の合理的意思に基づいて判断されることになる。しかし，実際の訴訟の場面等において，当事者の合理的意思がどのように判断されるかは明らかではないため，データに所有権

が発生することを前提とした条項を規定することは望ましくない。

　また，契約当事者において，データについて所有権が発生すると誤解している場合には，契約においてデータの「所有権」の帰属を明確にしようとして，余計な交渉が行われたり，最終的に合意がまとまらないということも起こりかねない。

　したがって，データには所有権が発生しないことを踏まえた適切な条項を規定する必要がある。

(3)　データに発生し得る権利等

　無体物であるデータには，一定の場合に知的財産[(1)]等が発生する。

　以下，詳述する。

ア　営業秘密

　営業秘密とは，「秘密として管理されている生産方法，販売方法その他の事業活動に有用な技術上又は営業上の情報であって，公然と知られていないものをいう」（不正競争防止法2条6項）。一般的には，この営業秘密の定義から，有用性，非公知性および秘密管理性の3つが営業秘密の要件であるといわれている[(2), (3)]。

　以下では，各要件について説明する。

---

(1)　「知的財産」とは，「発明，考案，植物の新品種，意匠，著作物その他の人間の創造的活動により生み出されるもの（発見又は解明がされた自然の法則又は現象であって，産業上の利用可能性があるものを含む。），商標，商号その他事業活動に用いられる商品又は役務を表示するもの及び営業秘密その他の事業活動に有用な技術上又は営業上の情報をいう」（知的財産基本法2条1項）。限定提供データは，「事業活動に有用な技術上又は営業上の情報」に該当するため，知的財産に含まれる。なお，「知的財産権」というかたちで，「知的財産」に「権」をつける場合，知的財産基本法2条2項において，「特許権，実用新案権，育成者権，意匠権，著作権，商標権その他の知的財産に関して法令により定められた権利又は法律上保護される利益に係る権利をいう」と定義されており，当該定義からして「知的財産権」に営業秘密および限定提供データが含まれるか否かは明らかではない。

(2)　営業秘密管理指針3頁。

㈢　有用性

「生産方法，販売方法その他の事業活動に有用な技術上又は営業上の情報」
としては，具体的には，製品の設計図・製法，顧客名簿，販売マニュアル，仕
入先リスト等が挙げられる。ここでいう「有用な」とは，財やサービスの生産，
販売，研究開発に役立つ等の事業活動にとって有用であることを意味する(4)。

　有用性の要件は，公序良俗に反する内容の情報（脱税や有害物質の垂れ流し等
の反社会的な情報）等，秘密として法律上保護されることに正当な利益が乏し
い情報を営業秘密の範囲から除外した上で，広い意味で商業的価値が認められ
る情報を保護することに主眼がある。そのため，秘密管理性・非公知性の要件
を満たす情報は，有用性が認められることが通常であり，また，現に事業活動
に使用・利用されていることを要するものではない。同様に，直接ビジネスに
活用されている情報に限らず，間接的（潜在的）な価値がある場合も含むため，
たとえば，いわゆるネガティブ・インフォメーション（ある方法を試みてその
方法が役立たないという失敗の知識・情報）にも有用性は認められる(5), (6)。

---

(3)　営業秘密の保護規定は，加盟国間の最低限の保護水準を定めた「知的所有権の貿易関
　連の側面に関する協定」（TRIPS協定）の下記規定（特許庁ウェブサイト：https://
　www.jpo.go.jp/system/laws/gaikoku/trips/chap3.html#anchor7setu）を担保する性格
　を持つものである。

> 第7節　開示されていない情報の保護
> 第39条〔抜粋〕
> (1)　1967年のパリ条約第10条の2に規定する不正競争からの有効な保護を確保するた
> 　めに，加盟国は，開示されていない情報を(2)の規定に従って保護し，及び政府又は
> 　政府機関に提出されるデータを(3)の規定に従って保護する。
> (2)　自然人又は法人は，合法的に自己の管理する情報が次の(a)から(c)までの規定に該
> 　当する場合には，公正な商慣習に反する方法により自己の承諾を得ないで他の者が
> 　当該情報を開示し，取得し又は使用することを防止することができるものとする。
> (a)　当該情報が一体として又はその構成要素の正確な配列及び組立てとして，当該
> 　　情報に類する情報を通常扱う集団に属する者に一般的に知られておらず又は容易
> 　　に知ることができないという意味において秘密であること
> (b)　秘密であることにより商業的価値があること
> (c)　当該情報を合法的に管理する者により，当該情報を秘密として保持するための，
> 　　状況に応じた合理的な措置がとられていること

(4)　本パラグラフにつき，経済産業省知的財産政策室編『逐条解説　不正競争防止法〔第
　2版〕』（商事法務，2019年）43頁。
(5)　営業秘密管理指針16頁〜17頁。
(6)　通商産業省知的財産政策室監修『営業秘密—逐条解説改正不正競争防止法』（有斐閣，
　1990年）58頁〜59頁。

　このように，有用性の要件は，基本的に認められることが多く，実際に有用性が実質的な争点として裁判で争われた例は多くはない[(7)]。

⑷　非公知性

　営業秘密の要件として，「公然と知られていない」（不正競争防止法2条6項）ことが求められており，この要件は，一般的に「非公知性」と呼ばれている。

　「公然と知られていない」状態とは，当該営業秘密が一般的に知られた状態になっていない状態，または容易に知ることができない状態である。具体的には，当該情報が合理的な努力の範囲内で入手可能な刊行物に記載されていない等，保有者の管理下以外では一般的に入手できない状態をいう[(8)]。

　非公知性の要件について留意すべきであるのは，非公知性は，特許法29条1項各号の新規性とは異なる概念であるということである。特許法の下での新規性の解釈では，特定の者しかある情報を知らない場合であっても当該情報に守秘義務が課せられていない場合には特許法上の公知となり得るが，不正競争防止法の下での営業秘密の非公知性の解釈では，ある情報を知った特定の者が当該情報について事実上秘密を維持していれば，なお非公知と考えることができる場合がある[(9)]。

　また，営業秘密は，通常，さまざまな知見を組み合わせて1つの情報を構成していることが通常であるが，さまざまな刊行物に記載されている情報の断片を集めた場合に，当該営業秘密に近い情報が再構成され得るからといって，そのことをもってただちに非公知性が否定されるわけではない。なぜなら，その断片に反する情報等も複数あり得る中で，どの情報をどのように組み合わせるかといったこと自体に価値がある場合には，営業秘密たり得るからである。さまざまな知見を組み合わせて1つの情報を構成している営業秘密については，組み合わせの容易性，取得に要する時間，コスト等を考慮し，保有者の管理下

---

(7)　小野昌延編著『新・注解　不正競争防止法　下巻〔第3版〕』（青林書院，2012年）850頁〔小野昌延＝大瀬戸豪志＝苗村博子執筆部分〕。
(8)　本パラグラフにつき，営業秘密管理指針17頁。
(9)　本パラグラフにつき，営業秘密管理指針17頁。

以外で一般的に入手できるかどうかによって非公知性の有無が判断されることとなる[10]。

(ウ) 秘密管理性

a 秘密管理性の趣旨

営業秘密は，特許等のように公示されない。特許法は，独占権たる特許権を付与することにより発明を保護するとともに，特許出願，特許等を通じて発明を公開して発明の利用を図ることにより，発明を奨励し，産業の発達に寄与することを目的としているため（特許法1条，64条，66条，68条等），特許の内容は公示されることとなる。一方，営業秘密は，秘密とされていることによって価値が維持されるものであるから，その性質上，公示することができない。

また，営業秘密は，「秘密として管理されている生産方法，販売方法その他の事業活動に有用な技術上又は営業上の情報であって，公然と知られていないものをいう」（不正競争防止法2条6項）と定義されているように，「情報」であり，その管理方法は，不正競争防止法等によって定められた一定の管理方法があるわけではなく，営業秘密の保有者に委ねられているため，さまざまである。

したがって，従業員，取引先等にとって，当該情報が法により保護される営業秘密であることを容易に知り得ない状況が想定される。

秘密管理性の要件を求める趣旨は，このような営業秘密の性質を踏まえて，企業が秘密として管理しようとする対象が明確化されることによって，当該営業秘密に接した者が事後に不測の嫌疑を受けることを防止し，従業員，取引先等の予見可能性，ひいては経済活動の安定性を確保することにある[11]。

---

[10] 本パラグラフにつき，営業秘密管理指針18頁。
[11] 営業秘密管理指針4頁～5頁。

b　秘密管理性の要件

　秘密管理性の要件を満たすために必要な管理措置の程度との関係では，「情報に接する者が秘密であることを認識し得る程度の管理措置があれば足りるのか，それだけでは足りず，追加的措置が必要なのか」という点が問題となる。換言すると，「認識可能性」だけで足りるのか，それとも，「認識可能性」を担保するレベル以上に「アクセス制限」等の管理措置が必要なのか，という問題である。

　この点については，①営業秘密の立法当時においては「認識可能性」を中心として「秘密管理性」を判断しようとしていたこと，および，②仮に「認識可能性」を満たすレベル以上に，何らかの追加的な管理措置が必要であるとすると，企業に対して「鉄壁」の防御を求めることに繋がりかねないため，「情報に接する者が秘密であることを認識し得る程度の管理措置があれば足りる（「認識可能性」だけで足りる）」と考えるのが合理的である[12]，[13]。

　そして，「アクセス制限」等は，「認識可能性」を担保する1つの手段であると考えられる。また，秘密として管理する措置には，「秘密としての表示」や「秘密保持契約等の契約上の措置」も含めて広く考えることが適当である。

　認識可能性を確保するための方法としては，たとえば，紙媒体であれば，ファイルの利用等により，一般情報からの区分を行った上で，当該文書に秘表示をする方法等が考えられる。また，電子媒体の場合には，USBメモリ，CD－ROM等の記録媒体への秘表示の貼付，電子データのヘッダー等への秘表示の付記，当該電子記録媒体の格納場所へのアクセス制限等といった方法が考えられる[14]。

　また，従業員の頭の中に記憶されている情報等（媒体が利用されていない情報）であっても，事業者が営業秘密となる情報のカテゴリーをリスト化すること，営業秘密となる情報を具体的に文書等に記載すること等の秘密管理措置を

---

[12]　営業秘密管理指針6頁脚注6。
[13]　長井謙「営業秘密管理指針の全部改訂の解説」NBL1045号（2015年）60頁～61頁。
[14]　本パラグラフにつき，前掲注(4)・経済産業省知的財産政策室41頁。

通じて，従業員等の認識可能性が担保される限りにおいて営業秘密に該当し得る[15]。

c　認識可能性の主体

　上記のとおり，「情報に接する者が秘密であることを認識し得る程度の管理措置があれば足りる（「認識可能性」だけで足りる）」と考える場合には，「誰の」認識可能性が必要かが問題となる。

　この点については，たとえば，①組織の内部者・部外者を含めて現実に情報に接し得るすべての者にとっての認識可能性が必要であるという考え方，②当該情報に合法的に，かつ，現実に接することができる者にとっての認識可能性が必要であるという考え方，③実際の侵害者と同じ立場の者にとっての認識可能性が必要であるという考え方があり得る[16]。

　このうち，営業秘密管理指針では，②の考え方を採っている。すなわち，職務上，営業秘密たる情報に接することができる者が基本となるが，職務の範囲内か否かが明確ではなくとも当該情報に合法的に接することができる者（たとえば部署間で情報の配達を行う従業員，いわゆる大部屋勤務において無施錠の書庫を閲覧できる場合における他部署の従業員等）も含まれるとする。なお，従業員に対する秘密管理措置があれば，侵入者等に対しても秘密管理性は確保されるのであって，営業秘密保有企業の秘密管理意思が従業員に対するものとは別に侵入者等に示される必要はない[17]。

イ　限定提供データ

　限定提供データとは，「業として特定の者に提供する情報として電磁的方法（電子的方法，磁気的方法その他人の知覚によっては認識することができない方法をいう。次項において同じ。）により相当量蓄積され，及び管理されている技術上又は営業上の情報（秘密として管理されているものを除く。）」をいう（不正競争

---

(15)　本パラグラフにつき，前掲注(4)・経済産業省知的財産政策室41頁。
(16)　前掲注(13)・長井61頁〜62頁。
(17)　営業秘密管理指針6頁〜7頁。

防止法2条7項）。

　第2章のとおり，限定提供データは，データの価値の高まりを受けて，データを新たな知的財産として保護するために創設されたものであるため，適切な管理を行っていれば，相当程度は，限定提供データとしての保護を受けることができると思われる。

　ただし，第2章②(5)のとおり，あるデータが営業秘密と限定提供データの両方で保護されることはないため，営業秘密の要件を満たす場合には，営業秘密として保護され，限定提供データとしては保護されない。

ウ　著作権法

　著作権法の保護対象である著作物とは，「思想又は感情を創作的に表現したものであつて，文芸，学術，美術又は音楽の範囲に属するものをいう」（著作権法2条1項1号）。しかし，一般的にデータ自体が創作性を有することはほとんどない。

　また，著作権法では，データベースの著作物も保護対象としている。すなわち，データベースを「論文，数値，図形その他の情報の集合物であつて，それらの情報を電子計算機を用いて検索することができるように体系的に構成したものをいう」（著作権法2条1項10号の3）と定義した上で，「データベースでその情報の選択又は体系的な構成によつて創作性を有するものは，著作物として保護する」（著作権法12条の2）としている。しかし，データが，「情報の選択又は体系的な構成によつて創作性を有する」場合は少ない。

　したがって，データに著作権が発生する可能性は低い。

エ　特許法

　特許法の保護対象である発明とは，「自然法則を利用した技術的思想の創作のうち高度のものをいう」（特許法2条1項）。

　「技術」とは，一定の目的を実現するための何らかの具体的態様や構成を有していることを要するとともに，その手段が実施可能であり，かつ，反復可能

であることを要求されているものと解される。また，情報の単なる提示は，「技術的思想」と評価されない⁽¹⁸⁾。

　特許庁の審査においては，以下のように取り扱われている。まず，データが「情報の単なる提示（提示される情報の内容にのみ特徴を有するものであって，情報の提示を主たる目的とするもの）」である場合，「技術的思想」ではないため，発明には該当しないものとされる⁽¹⁹⁾。それ以外のもののうち，「構造を有するデータ」（「データ要素間の相互関係で表される論理的構造を有するデータ」）および「データ構造」（「データ要素間の相互関係で表される，データの有する論理的構造」）がプログラムに準ずるもの⁽²⁰⁾である場合には，これらをソフトウェアと同様の基準⁽²¹⁾で，発明に該当するかについて判断される⁽²²⁾。そして，発明に該当すると判断された場合において，さらに，新規性（特許法29条1項），進歩性（特許法29条2項）等の要件を充足した場合に，特許されることになる。

　以上からすると，データ自体が，発明（「自然法則を利用した技術的思想の創作のうち高度のもの」）に該当し，特許として保護される可能性は低いものと思われる。

---

(18)　本パラグラフにつき，中山信弘＝小泉直樹編『新・注解　特許法　上巻〔第2版〕』（青林書院，2017年）29頁〔平嶋竜太執筆部分〕。

(19)　特許庁審査基準第Ⅲ部　第1章　発明該当性及び産業上の利用可能性（4頁）。

(20)　「「コンピュータソフトウェア」とは，コンピュータの動作に関するプログラム，その他コンピュータによる処理の用に供する情報であってプログラムに準ずるものをい」う。「「プログラムに準ずるもの」とは，コンピュータに対する直接の指令ではないためプログラムとは呼べないが，コンピュータの処理を規定するものという点でプログラムに類似する性質を有するものをいう」（特許庁審査基準第Ⅲ部　第1章　発明該当性及び産業上の利用可能性（6頁））。

(21)　「コンピュータソフトウエアを利用するものは，「ソフトウエアによる情報処理が，ハードウエア資源を用いて具体的に実現されている」場合は，「自然法則を利用した技術的思想の創作」に該当する」，「「ハードウエア資源」とは，処理，操作又は機能実現に用いられる物理的装置又は物理的要素をいう。例えば，物理的装置としてのコンピュータ，その構成要素であるCPU，メモリ，入力装置，出力装置又はコンピュータに接続された物理的装置をいう」（特許庁審査基準第Ⅲ部　第1章　発明該当性及び産業上の利用可能性（6頁〜7頁））。

(22)　特許庁「特許・実用新案審査ハンドブック」付属書Ｂ「「特許・実用新案審査基準」の特定技術分野への適用例」「第1章　コンピュータソフトウェア関連発明」（24頁）。

オ　実用新案法

実用新案法の保護対象は，「物品の形状，構造又は組合せに係る考案[23]」である（1条，3条1項柱書）。データは無体物であり，有体物である「物品」に該当しないため，データは実用新案法の保護対象にはならない。

カ　法律上保護される利益（民法709条）

データは，法律上保護される利益に該当する場合がある。東京地中間判平13・5・25判時1774号132頁（翼システム事件）では，自動車に関する情報を収録したデータベースのデッドコピーを行った者に対し，当該データベースの作成に労力や費用が投下されていたこと，競合会社によるデッドコピーであること等を勘案し，著しく不公正な手段を用いて他人の法的保護に値する営業上の利益を侵害する場合に，不法行為に基づく損害賠償責任を認めている。

ただし，第2章①(2)のとおり，不正競争防止法で保護されない情報が「法律上保護される利益」に該当し，保護されるか否かは必ずしも明らかではないため，予見しづらく，また，原則として差止請求は認められない。また，法律上保護される利益に基づく請求の場合には，営業秘密や限定提供データの損害賠償の推定規定（不正競争防止法5条）のような規定は存在しないため，高額な損害賠償額が認定されることは少ない。

(4)　まとめ

以上のとおり，データには所有権が発生せず，データに発生する権利等は，主に，営業秘密または限定提供データである。

したがって，データの管理・保護，およびデータの利活用については，営業秘密と限定提供データを中心に検討することが重要である。

---

[23]　「考案」とは，「自然法則を利用した技術的思想の創作」をいう（実用新案法2条1項）。

2

データに対する法規制

(1) はじめに

　データに対する法規制としては，理論上はさまざまなものが想定され得るが，その中でも相対的に重要性が高いと思われる個人情報保護法による規制，不正アクセス禁止法による規制，独占禁止法による規制について説明する。

(2) 個人情報保護法によるデータに関する規制

　個人情報保護法上の概念に該当するデータについては，その不当な取得，提供等の行為について，個人情報保護法による規制を受ける。

　「個人情報」は，生存する個人に関する情報であって，①当該情報に含まれる氏名，生年月日その他の記述等により特定の個人を識別することができるもの（他の情報と容易に照合することができ，それにより特定の個人を識別することができることとなるものを含む），または，②個人識別符号が含まれるものと定義されている（個人情報保護法2条1項）。

　また，個人情報を含む情報の集合物であって，特定の個人情報を検索することができるように体系的に構成したもの，または，一定の規則に従って整理することにより特定の個人情報を容易に検索することができるように体系的に構成した情報の集合物であって，目次，索引その他検索を容易にするためのものを有するものが，「個人情報データベース等」に該当する（同法2条4項，施行

令3条2項）。そして，「個人情報データベース等」を構成する個人情報が「個人データ」と定義され（同法2条6項），また，「個人情報データベース等」を「事業の用に供している者」が「個人情報取扱事業者」と定義されている（同法2条5項）。

　個人情報については，個人情報取扱事業者に対して，利用目的の特定等の義務（同法15条），利用目的の制限に服する義務（同法16条），適正取得義務（同法17条），取得に際しての利用目的の通知等の義務（同法18条）等が課される。

　個人データについては，個人情報取扱事業者に対して，その取り扱う個人データの漏洩，滅失または毀損を防止するため，必要かつ適切な安全管理措置を講じる義務（同法20条），同法20条に基づく安全管理措置を遵守させるように当該従業者に対し必要かつ適切な監督を行う義務（同法21条），委託先に対する監督義務（同法22条），データに個人データが含まれる場合には，原則として提供について本人の同意を取得する義務（同法23条），個人情報取扱事業者がデータを提供する場合における個人データの記録義務（同法25条），個人情報取扱事業者がデータを受領する場合における確認・記録義務（同法26条）等が課されている。

　保有個人データとは，個人情報取扱事業者が，開示，内容の訂正，追加または削除，利用の停止，消去および第三者への提供の停止を行うことのできる権限を有する個人データであって，その存否が明らかになることにより公益その他の利益が害されるものとして政令で定めるもの[24]または6か月以内に消去することとなるもの以外のものをいう（同法2条7項，施行令5条）。保有個人データについては，個人情報取扱事業者に対して，保有個人データに関する事

[24]　具体的には，当該個人データの存否が明らかになることにより，本人または第三者の生命，身体または財産に危害が及ぶおそれがあるもの（施行令4条1号），当該個人データの存否が明らかになることにより，違法または不当な行為を助長し，または誘発するおそれがあるもの（同2号），当該個人データの存否が明らかになることにより，国の安全が害されるおそれ，他国もしくは国際機関との信頼関係が損なわれるおそれまたは他国もしくは国際機関との交渉上不利益を被るおそれがあるもの（同3号），および当該個人データの存否が明らかになることにより，犯罪の予防，鎮圧または捜査その他の公共の安全と秩序の維持に支障が及ぶおそれがあるもの（同4号）が指定されている。

項の公表等の義務（同法27条），本人からの開示請求に対応する義務（同法28条），本人からの保有個人データの内容の訂正，追加または削除請求への対応義務（同法29条），本人からの利用の停止または消去の請求への対応義務（同法30条1項，2項，5項），本人からの第三者への提供停止請求への対応義務（同法30条3項～5項）等が課されている。

「匿名加工情報」とは，①個人情報について一定の措置（同法2条9項各号）を講じることにより，特定の個人を識別することができないように個人情報を加工して得られる個人に関する情報であって，②当該個人情報を復元することができないようにしたものをいう（同法2条9項）。匿名加工情報は個人情報には該当しないが，個人情報保護法に基づく規制を受ける。すなわち，匿名加工情報については，個人情報取扱事業者に対して，匿名加工情報の作成時に適正な加工を行う義務（同法36条1項），作成後に安全管理措置を講じる義務（同法36条2項），第三者提供時に提供する情報の項目および提供方法の公表義務，ならびに，提供先に対する明示義務（同法36条4項），利用時の照合禁止義務（同法36条5項），安全管理措置，苦情の処理その他の匿名加工情報の適正な取扱いを確保するために必要な措置を講じ，当該措置の内容を公表する努力義務（同法36条6項）等が課されている。また，匿名加工情報取扱事業者[25]に対して，第三者提供時に提供する情報の項目および提供方法の公表義務，ならびに，提供先に対する明示義務（同法37条），利用時の照合禁止義務（同法38条），安全管理措置，苦情の処理その他の匿名加工情報の適正な取扱いを確保するために必要な措置を講じ，当該措置の内容を公表する努力義務（同法39条）等が課

---

[25] 匿名加工情報取扱事業者とは，「匿名加工情報データベース等」を事業の用に供している者のうち，国の機関，地方公共団体，独立行政法人等個人情報保護法で定める独立行政法人等および地方独立行政法人法（平成15年法律第118号）で定める地方独立行政法人を除いた者をいう（同法2条10項）。「匿名加工情報データベース等」とは，匿名加工情報を含む情報の集合物であって，特定の匿名加工情報を電子計算機を用いて検索することができるように体系的に構成したものその他特定の匿名加工情報を容易に検索することができるように体系的に構成したものとして政令で定めるものとされており（同法2条10項），施行令では，「これに含まれる匿名加工情報を一定の規則に従って整理することにより特定の匿名加工情報を容易に検索することができるように体系的に構成した情報の集合物であって，目次，索引その他検索を容易にするためのものを有するもの」（施行令6条）とされている。

されている。

　このように，データが，「個人情報」，「個人データ」，「個人保有データ」および「匿名加工情報」のいずれに該当するかによって規制内容が異なるため，データがこれらのいずれかに該当するかを確認し，該当するものについては個人情報保護法に基づき適切に取り扱う必要がある。

(3)　不正アクセス禁止法

　データに関する不正アクセス行為は，不正アクセス禁止法により規制される。「不正アクセス行為」とは，不正アクセス禁止法2条4項で定義されている「不正アクセス行為」である[26]。不正アクセス行為は，大別すると，①他人の識別符号を無断で入力する行為（いわゆる不正ログイン）（同項1号）と，②アクセス制御機能による（電気通信回線を通じて行う）情報処理の制限を免れる情報（識別符号を除く）または指令を入力する行為（いわゆるセキュリティ・ホール攻撃）（同項2号，3号）に分類することができる[27]。

　そのため，たとえば，権限のない第三者が，不正に他社のデータを取得しよ

---

[26]　不正アクセス禁止法2条4項
　　この法律において「不正アクセス行為」とは，次の各号のいずれかに該当する行為をいう。
　　一　アクセス制御機能を有する特定電子計算機に電気通信回線を通じて当該アクセス制御機能に係る他人の識別符号を入力して当該特定電子計算機を作動させ，当該アクセス制御機能により制限されている特定利用をし得る状態にさせる行為（当該アクセス制御機能を付加したアクセス管理者がするもの及び当該アクセス管理者又は当該識別符号に係る利用権者の承諾を得てするものを除く。）
　　二　アクセス制御機能を有する特定電子計算機に電気通信回線を通じて当該アクセス制御機能による特定利用の制限を免れることができる情報（識別符号であるものを除く。）又は指令を入力して当該特定電子計算機を作動させ，その制限されている特定利用をし得る状態にさせる行為（当該アクセス制御機能を付加したアクセス管理者がするもの及び当該アクセス管理者の承諾を得てするものを除く。次号において同じ。）
　　三　電気通信回線を介して接続された他の特定電子計算機が有するアクセス制御機能によりその特定利用を制限されている特定電子計算機に電気通信回線を通じてその制限を免れることができる情報又は指令を入力して当該特定電子計算機を作動させ，その制限されている特定利用をし得る状態にさせる行為
[27]　不正アクセス対策法制研究会『逐条　不正アクセス行為の禁止等に関する法律〔第2版〕』（立花書房，2012年）36頁～37頁，61頁。

うと考えて，他社のサーバに，他社の従業員のID・パスワードを用いてログインする場合には，当該不正なログイン行為が不正アクセス行為（同法2条4項1号）に該当することになる。

また，不正の利益を得る目的で，またはその営業秘密保有者に損害を加える目的で，不正アクセス行為により営業秘密を取得した場合には，営業秘密侵害罪（不正競争防止法21条1項1号⁽²⁸⁾）が成立する。

(4) 独占禁止法によるプラットフォーマの規制

近時，世界中で，独占禁止法によるデジタル・プラットフォーマの規制についての議論が活発に行われている。

わが国では，2019年12月17日に，公正取引委員会が「デジタル・プラットフォーム事業者と個人情報等を提供する消費者との取引における優越的地位の濫用に関する独占禁止法上の考え方」を公表した⁽²⁹⁾。このガイドラインの中で，デジタル・プラットフォーマを「情報通信技術やデータを活用して第三者にオンラインのサービスの「場」を提供し，そこに異なる複数の利用者層が存在する多面市場を形成し，いわゆる間接ネットワーク効果が働くという特徴を有するものをいう」とし，また，「デジタル・プラットフォーム事業者」を「オンライン・ショッピング・モール，インターネット・オークション，オンライン・フリーマーケット，アプリケーション・マーケット，検索サービス，コンテンツ（映像，動画，音楽，電子書籍等）配信サービス，予約サービス，シェア

---

(28) 不正競争防止法21条1項1号
　　次の各号のいずれかに該当する者は，10年以下の懲役若しくは2,000万円以下の罰金に処し，又はこれを併科する。
　　一　不正の利益を得る目的で，又はその営業秘密保有者に損害を加える目的で，詐欺等行為（人を欺き，人に暴行を加え，又は人を脅迫する行為をいう。次号において同じ。）又は管理侵害行為（財物の窃取，施設への侵入，不正アクセス行為（不正アクセス行為の禁止等に関する法律（平成11年法律第128号）第2条第4項に規定する不正アクセス行為をいう。）その他の営業秘密保有者の管理を害する行為をいう。次号において同じ。）により，営業秘密を取得した者
(29) 公正取引委員会ウェブサイト（https://www.jftc.go.jp/houdou/pressrelease/2019/dec/191217_dpfgl.html）。

リングエコノミー・プラットフォーム，ソーシャル・ネットワーキング・サービス（SNS），動画共有サービス，電子決済サービス等であって，上記の特徴を有するデジタル・プラットフォームを提供する事業者をいう」としている。そして，「デジタル・プラットフォーム事業者が個人情報等を提供する消費者に対して優越した地位にあるとは，消費者がデジタル・プラットフォーム事業者から不利益な取扱いを受けても，消費者が当該デジタル・プラットフォーム事業者の提供するサービスを利用するためにはこれを受け入れざるを得ないような場合である」とした上で，消費者にとって，①当該サービスと代替可能なサービスを提供するデジタル・プラットフォーム事業者が存在しない場合，②代替可能なサービスを提供するデジタル・プラットフォーム事業者が存在していたとしても当該サービスの利用をやめることが事実上困難な場合，または③当該サービスにおいて，当該サービスを提供するデジタル・プラットフォーム事業者が，その意思で，ある程度自由に，価格，品質，数量，その他各般の取引条件を左右することができる地位にある場合には，通常，当該サービスを提供するデジタル・プラットフォーム事業者は，消費者に対して取引上の地位が優越していると認められるものとしている。

　独占禁止法によるプラットフォーマの規制がどのようになっていくかについて，今後の動向を注視する必要がある。

3

営業秘密と限定提供データの類似性と補完的関係

(1) はじめに

　前記①のとおり，データに発生する権利等は，主に，営業秘密と限定提供データである。そこで，以下では，営業秘密と限定提供データの関係について説明をする。

　具体的には，営業秘密と限定提供データの類似点（後記(2)），営業秘密と限定提供データとで異なる点（後記(3)），営業秘密と限定提供データの補完的関係（後記(4)），営業秘密と限定提供データの不正競争行為の比較（後記(5)），営業秘密と限定提供データの救済措置の比較（後記(6)）をした上で，最後にまとめ（後記(7)）を記載する。

(2) 営業秘密と限定提供データの類似点

　営業秘密と限定提供データの定義の比較は，**図表3－1**のとおりである。

　両者は，以下の点で類似する。

　まず，営業秘密と限定提供データは，「技術上又は営業上の情報」である点で共通する。

　次に，両者は，有用であることが要件である点で共通する。まず，営業秘密では，「②有用性」が要件となっている。そして，限定提供データの「②相当蓄積性」の要件は，電磁的方法により有用性を有する程度に蓄積していること

をいうから⁽³⁰⁾，営業秘密の「②有用性」と類似する要件である。

　そして，営業秘密と限定提供データは，いずれも一定の者以外に漏えいしないように管理をしなければならないという点で共通する。営業秘密には，「③秘密管理性」の要件が存在し，情報に接する者が秘密であることを認識し得る管理措置をとることが求められており，これは外部の第三者等に当該情報が漏えいしないようにする管理が求められているといえる。限定提供データには，「③電磁的管理性」の要件があり，特定の者に対してのみ提供するものとして管理するという保有者の意思を第三者が一般的にかつ容易に認識できるかたちで管理されている必要がある⁽³¹⁾。電磁的管理性の要件は，要するに，特定の者以外には，当該情報が漏えいしないように管理しなければならないことを意味している。

（図表3-1）営業秘密と限定提供データの定義の比較

	営業秘密（2条6項）	限定提供データ（2条7項）
定義	①　技術上又は営業上の情報 ②　有用性 ③　秘密管理性 ④　非公知性	①　技術上又は営業上の情報 ②　相当蓄積性 ③　電磁的管理性 ④　限定提供性 ⑤　秘密として管理されているものを除く

(3)　営業秘密と限定提供データとで異なる点

　営業秘密と限定提供データとは，以下の点で異なる。

　まず，限定提供データは，「③電磁的管理性」の要件があるために，対象が電子データに限定されるのに対して，営業秘密では電子データに限られず，紙媒体で管理されている情報も保護対象になる。

---

(30)　限定提供データガイドライン9頁。
(31)　限定提供データガイドライン10頁。

　次に，営業秘密には「④非公知性」の要件があるのに対して，限定提供デー
タには該当する要件がないため，この点において限定提供データの方が要件が
広い。

　さらに，限定提供データには「④限定提供性」（「業として特定の者に提供」）
という要件があるのに対して，営業秘密には当該要件が存在しない。ただし，
営業秘密も，ライセンス等によって「業として特定の者に提供」され得るもの
であるため，この点は大きな差異ではないといえる。

(4)　営業秘密と限定提供データとの補完的関係

　第2章②(5)のとおり，限定提供データには「⑤秘密として管理されているも
のを除く」という要件があるために，あるデータが営業秘密と限定提供データ
の両方で保護されることはなく，営業秘密の要件を満たす場合には，営業秘密
として保護されることになる。

　そのため，あるデータについて，**図表3－1**の営業秘密の要件のうち①，②，
④の要件を充足し，かつ，限定提供データの①〜④の要件を充足している場合
には，営業秘密の「③秘密管理性」の要件を充足すれば営業秘密として保護さ
れ，秘密管理性を充足していなければ限定提供データとして保護されることに
なる。

　この点に関して，営業秘密と限定提供データの「どちらに該当するのかが必
ずしも明らかでない事案については，民事訴訟の実務的な対応方法として，営
業秘密侵害を主位的に主張し，限定提供データ侵害を予備的に主張するという
パターンが登場する可能性も考えられる」との指摘がなされている[32]。

　秘密管理性は，営業秘密の要件のうち，最も訴訟等で争われることが多い要
件である。また，実際の営業秘密侵害訴訟の場面では，秘密管理性については
さまざまな証拠から総合的に判断する面があるため，秘密管理性を充足するか

　[32]　田村善之＝岡村久道「《対談》限定提供データ制度の導入の意義と考え方」NBL1140
号（2019年）11頁〔岡村久道発言〕。

否かを事前に判断することには難しい面がある。

　そのため，**図表３－１**の営業秘密の①，②，④の要件と，限定提供データの①～④の要件を充足することができるデータについては，できる限りこれらを充足するように管理・保護をした上で[(33)]，さらに営業秘密の「③秘密管理性」の要件を充足するように管理・保護をして，「③秘密管理性」の要件の充足が認められれば営業秘密として保護され，秘密管理性の充足が認められなければ限定提供データとして保護されるようにしておくことが望ましい。

(5)　不正競争行為の比較

　第２章③(8)のとおり，両者の不正競争行為は**図表３－２**の対応関係になっており，限定提供データに係る不正競争行為については，営業秘密に係る不正競争行為の規定を参考にして，必要な規定が設けられているため，両者は類似している。

（図表３－２）限定提供データに係る不正競争行為と，営業秘密に係る不正競争行為の比較

限定提供データに係る不正競争行為	対応する営業秘密に係る不正競争行為	営業秘密に係る不正競争行為と異なる点
11号	4号	
12号	5号	重過失は対象外
13号	6号	①重過失は対象外 ②「使用」行為は対象外 ③取引によって取得した権原の範囲内の「開示」は除外事由（19条１項８号イ）
14号	7号	
15号	8号	重過失は対象外

[(33)]　「④限定提供性」の要件は，データを提供していない場合（他者に提供する意思を有していない場合）には充足されないこととなる。この場合には，将来，データを提供する際に「④限定提供性」の要件を充足するように準備しておくことが望ましい。

16号	9号	①重過失は対象外 ②「使用」行為は対象外 ③取引によって取得した権原の範囲内の「開示」は適用除外（19条1項8号イ）

(6) 救済措置の比較

　営業秘密と限定提供データの不正競争行為違反に対する救済措置の比較は，図表３−３のとおりである。

　民事的救済措置は，両者でほぼ同じであり，刑事的制裁は，営業秘密にはあるが，限定提供データにはない[34]。

（図表３−３）営業秘密と限定提供データの定義の比較

	民事的措置	刑事的措置
営業秘密	差止請求（3条） 損害賠償請求（4条） 損害額の推定（5条の2） 信用回復措置（14条）	あり（21条等）
限定提供データ	差止請求（3条） 損害賠償請求（4条） 損害額の推定（5条の2） 信用回復措置（14条）	なし

---

[34]　第2章①(3)のとおり，限定提供データの刑事的措置については，平成30年改正では導入せず，今後の状況を踏まえて引き続き検討することとされた。営業秘密に係る不正競争行為は平成2年改正で導入されたが，導入時は民事的措置のみが規定され，刑事的措置は平成15年改正で導入されたことを考慮すれば，今後，限定提供データについても刑事的措置が導入される可能性があるものと思われる。

(7)　まとめ

　営業秘密と限定提供データは，限定提供データが電子データのみを対象としている点や非公知性の要件が不要である等において異なるものの，定義，不正競争行為および救済措置において類似する面が多い。また，一定の要件を充足するデータについては，秘密管理性を充足すれば営業秘密に該当し，秘密管理性を充足しなければ限定提供データとして保護されるというように，営業秘密と限定提供データは，補完的関係にある。

　これらの点は，特に，データの管理・保護を行う上で重要になる（後記④参照）。

4

データの管理・保護

(1)　はじめに

　前記①のとおり，データに発生する権利等は，主に，営業秘密と限定提供データである。そして，営業秘密と限定提供データは，定義，不正競争行為および救済措置において類似性があるとともに，補完的な関係にある。そこで，以下では，営業秘密と限定提供データの類似性と，両者が補完的な関係にあることを踏まえて，どのようにデータを保護・管理するべきかについて説明する。

　具体的には，管理・保護の対象とするべきデータ（後記(2)），データの管理・保護における留意点（後記(3)），データを適切に管理・保護するためにはクラウドコンピューティングサービスを利用することが有益であること（後記(4)）について説明する。

(2)　管理・保護の対象とするべきデータ

　管理・保護の対象とするべきデータを決める際に，すでに利活用を検討しているデータや，今後利活用することが見込まれるデータを管理・保護の対象とし，その他のデータは管理・保護の対象としていない企業もあるように思われる。

　しかし，社会情勢，業界の動向等によって，利活用の対象となるデータは変わり得るため，将来においてデータを利活用するか否かを予測することは容易

ではない。たとえば，10年前に，現在のように自動運転の技術が急速に進展し，それに伴い自動運転関連のデータの価値が急激に高まることを予測していた人はほとんどいなかったであろう。

　データに発生する権利等は，主に，営業秘密と限定提供データであり，これらは保護されるための要件を満たしていれば，永続的に保護され得る。それにもかかわらず，データの発生時に，管理・保護の対象とせずにデータが生まれた時点で，将来そのデータの価値が高まり，利活用を検討することになるとは思わずにずさんな管理をしていると，その後に営業秘密や限定提供データとしての法的保護を受けようとしても，保護を受けることができなくなってしまうおそれがある。

　そこで，管理・保護の対象とするべきデータは，企業において創出されたすべてのデータのうち，今後利活用を検討する可能性がまったくないデータを除いたすべてのデータというように，対象を広くすることが望ましい。

(3)　営業秘密と限定提供データの類似性を踏まえたデータ管理・保護

　データに発生する権利等は，主に，営業秘密と限定提供データである。そのため，営業秘密または限定提供データとしての保護を受けられるように管理・保護することが望ましい。

　しかし，データが生まれた時点では，それが営業秘密に該当するか，それとも限定提供データに該当するかが明らかではないことも少なくない[35]。また，判断することができたとしても，別々の管理の仕方にすると，同じ管理の仕方

---

[35]　あるデータが営業秘密に該当する場合であっても，その後，秘密管理性が失われることにより営業秘密には該当しなくなり，限定提供データに該当するようになることもある。たとえば，あるデータについて秘密管理性と電磁的管理性の両方の要件を満たす管理を行っており，かつ，その他の営業秘密の要件も充足して営業秘密に該当していた場合であっても，当該データを保有する企業が，そのデータの販売に商機を見出して第三者に対して所定の料金で販売を開始することにより，秘密管理性の要件を充足しなくなったときは，営業秘密に該当しなくなり，その結果として，当該データは限定提供データとして保護され得ることになる（限定提供データガイドライン14頁）。

をする場合と比較して，管理コストがかかってしまう。

そこで，データの管理・保護においては，前記③(4)の営業秘密と限定提供データの補完的関係を考慮した管理を行うことが望ましい。すなわち，**図表3−1**の営業秘密の①，②，④の要件と，限定提供データの①〜④の要件を充足することができるデータについては，できる限りこれらを充足するように管理・保護をした上で，さらに営業秘密の「③秘密管理性」の要件を充足するように管理・保護をして，「③秘密管理性」の要件の充足が認められれば営業秘密として保護され，秘密管理性の充足が認められなければ限定提供データとして保護されるようにしておくことが望ましい。

ところで，紙媒体で管理される情報については，営業秘密には該当し得るものの，電子データのみを保護対象とする限定提供データとしては保護されない。しかし，上記のように，データについては秘密管理性と電磁的管理性の両方を充足する管理を行うことが望ましい。そのため，データについては，紙媒体で管理せざるをえない一部のものを除き，できる限り電子データで管理をすることが望ましい。また，今後，益々データが増え続けていくことを考慮すれば，紙媒体による管理には限界があるため，電子データで管理することが望ましい。

(4) データの管理・保護におけるクラウドコンピューティングサービスの利用

近時，データの量が増大しており，今後も増大し続けていくことが予想される。また，前記(2)のとおり，管理・保護するデータの対象は広くすることが望ましく，また，前記(3)のとおり，秘密管理性および電磁的管理性を充足する管理を行うことが望ましい。これらの点から，適切な管理を行おうとするほど，企業の管理すべきデータは増えることになる。

このように，企業が管理・保護すべきデータが増大し続けることを考慮すると，クラウドコンピューティング[36]サービスを利用してデータを保護・管理することが有益である。なぜなら，クラウドコンピューティングサービスでは，

利用者の求めに応じて，迅速かつ柔軟に，ストレージ容量やコンピューティングパワー（コンピュータ処理能力）を増減させることができるからである[37]。このようなことは，企業が保有するサーバを順次増やしていくという方法では，到底実現できない。クラウドコンピューティングサービスを利用する上でのメリットとして，ほかにも，①安価な利用料金で高性能サービスを利用できること，②初期投資が不要であること，③メンテナンスコストを抑えられること，④頻繁にサービスの更新を受けることができることが挙げられる[38]。

　クラウドコンピューティングサービスは，第三者が管理・運営するサーバにデータが保存されることから，営業秘密における秘密管理性の要件を満たさないのではないかという点が問題になっていた。この点，経済産業省が策定する営業秘密管理指針が2019年1月23日に改訂され，秘密管理性については，クラウドコンピューティングサービスを利用して，営業秘密を外部のサーバ（クラウドコンピューティングサービス事業者が保有および管理をするサーバ）で保管および管理する場合においても，秘密として管理されていれば，秘密管理性が失われるわけではない旨が追記された[39]。これは，ディープラーニングやDL以外機械学習を用いてプログラムを作成する際に用いられるデータの典型例である工場の機器の稼働データ，人の行動データ等の膨大なデータを効率的に収集・分析するために，クラウドコンピューティングサービスを利用した外部のサーバによる管理が行われることが想定されることを踏まえて追記されたものである[40], [41]。

---

[36]　クラウドコンピューティングについては確立した定義は存在しないものの，一般にクラウドコンピューティングの特徴として，高度なスケーラビリティ（拡張性），抽象化されたコンピュータリソースであること，サービスとして提供されること，利用料金が安価であることが挙げられており，これらの特徴を有するものがクラウドコンピューティングと呼ばれることが多い（濱野敏彦「クラウド・コンピューティングの概念整理(1)」NBL918号（2009年）24頁）。

[37]　前掲注[36]・濱野26頁。

[38]　前掲注[36]・濱野31頁。

[39]　営業秘密管理指針11頁。

[40]　水野紀子ほか「「限定提供データに関する指針」の解説」NBL1140号（2019年）26頁。

[41]　産業構造審議会　知的財産分科会　営業秘密の保護・活用に関する小委員会「第四次産業革命を視野に入れた不正競争防止法に関する検討　中間とりまとめ」(2017年5月)27頁。

　企業においては，クラウドコンピューティングサービスを導入する際に，①複数の関係部署間での合意を取りつけること，②システムを変えることの必要性についての理解を得ること，③元のシステムから変更するために一時的に不便な状況になることについての理解を得ること等が必要となるため，導入が遅れがちになっている。しかし，今後，益々データが増大していく中で，システムの対応が遅れることは，管理コストの増大に加えて，企業にとって競争力の源泉となる営業秘密・限定提供データの管理・保護が不十分となり得ることを意味する。そのため，今後，益々データが増大していく中で，既存のシステムの延長で対応することができるのかを十分に検討し，クラウドコンピューティングサービスの導入にメリットがある場合には，できる限り早く導入を進めることが望ましい[42]。

---

(42)　各省庁が利用するシステムは，自前でデータセンターやサーバを保有・管理するものばかりであるが，2020年秋から基幹システムやデータを順次，クラウドコンピューティングサービスに切り替えていく。米国では，2010年末に政府機関のシステムで「クラウドファースト」が打ち出され，中央情報局（CIA）や国防総省のような機密情報を扱う機関が積極的にクラウドコンピューティングサービスを採用してきた（「政府のクラウド化　来年始動　脱・自前　米に10年遅れ」2019年11月12日付日本経済新聞朝刊13面）。

5

データに関する責任追及 （救済措置）

(1)　はじめに

　データに関する責任追及（救済措置）は，従業員・元従業員，データ提供先および第三者のいずれに対して行うかによって，その内容が異なる。

　また，前記①のとおり，データに関して発生する権利等は，主に，営業秘密，限定提供データである。

　そこで，以下では，従業員・元従業員，データ提供先および第三者に対する責任追及について，それぞれ，①データが営業秘密である場合，②データが限定提供データである場合，③データに権利等が発生していない場合に分けて説明する。

(2)　従業員・元従業員に対する責任追及

ア　従業員・元従業員との間の契約関係

　従業員は，会社との間で，労働契約を締結している。そして，労働者は，労働契約の存続中は，その付随義務の一種として，使用者の営業上の秘密を保持すべき義務を負っている[43], [44]。

---

[43]　菅野和夫『労働法〔第11版補正版〕』（弘文堂，2017年）151頁。

[44]　東京高判昭和55・2・18労民31巻1号49頁は，「労働者は労働契約にもとづく附随義務として，信義則上，使用者の利益をことさらに害するような行為を避けるべき責務を負うが，その一つとして使用者の業務上の秘密を漏らさないとの義務を負うものと解せ

　また，従業員の秘密保持義務については，労働関係終了後も，信義則上の義務として存続するという見解が存在し[(45)]，この見解によれば，退職後の元従業員は，引き続き会社に対する秘密保持義務を負うこととなる。また，在職中に会社に秘密保持の誓約書を差し入れること等により，退職後も元従業員が秘密保持義務等を負っていることが多い。

イ　①データが営業秘密である場合

　データが営業秘密である場合には，従業員・元従業員による当該データの持ち出し行為等の営業秘密に係る民事上の不正競争行為（2条1項4号，7号等）に対して，民事上の責任追及（差止め（3条），損害賠償（4条，5条）等）を行うことができる。

　また，営業秘密については，民事上の不正競争行為（2条1項4号～10号）に含まれる行為のうち，特に違法性が高いと認められる行為については営業秘密侵害罪として刑事責任が定められているため（21条1項1号～9号等），従業員が営業秘密侵害罪に該当する行為を行った場合には，刑事的制裁も科される。

　さらに，従業員は，前記アのとおり，会社との間で労働契約を締結しており，また，在職中に誓約書を差し入れること等により秘密保持義務等を負うことがある。そのため，従業員が，労働契約，誓約書等に基づいて負う秘密保持義務等に違反した場合には，当該義務違反に基づく損害賠償を請求することができる。また，元従業員が誓約書等に基づいて秘密保持義務等を負っている場合にも，同様に，当該義務違反に基づく損害賠償を請求することができる。

られる」と判示している。

[(45)]　前掲注[(43)]・菅野151頁～152頁，大阪地判平成6・12・26判時1553号133頁等。経済産業省が策定した営業秘密管理指針は「従業員の転職に際して，退職従業員による新雇用主への営業秘密開示行為等が，旧雇用主との関係で信義則上の義務に著しく反するような形でなされた場合，新雇用主は，そのような信義則上の義務に著しく反する開示であることについて悪意又は重過失で当該営業秘密を使用等すると営業秘密侵害となる」（傍点は，著者による）と述べている（営業秘密管理指針13頁脚注9）ことから，この立場に立っているように思われる。

ウ　②データが限定提供データである場合

　データが限定提供データである場合には，従業員による当該データの持ち出し行為等の営業秘密に係る民事上の不正競争行為（2条1項11号，14号等）に対して，民事上の責任追及（差止め（3条），損害賠償（4条，5条）等）を行うことができる。

　また，前記イと同様に，従業員が，労働契約，誓約書等に基づいて負う秘密保持義務等に違反した場合には，当該義務違反に基づく損害賠償を請求することができる。また，元従業員が誓約書等に基づいて秘密保持義務等を負っている場合にも，同様に，当該義務違反に基づく損害賠償を請求することができる。

エ　③データに権利等が発生していない場合

　データに権利等が発生していない場合には，前記イと同様に，従業員が，労働契約，誓約書等に基づいて負う秘密保持義務等に違反した場合には，当該義務違反に基づく損害賠償を請求することができる。また，元従業員が誓約書等に基づいて秘密保持義務等を負っている場合にも，同様に，当該義務違反に基づく損害賠償を請求することができる。

(3)　データ提供先に対する責任追及

ア　データ提供元とデータ提供先の間の契約

　データ提供元とデータ提供先の間には，データ利用契約，業務委託契約等により，データに関する管理義務，秘密保持義務，目的外使用禁止の義務等が定められるのが一般的である。

イ　①データが営業秘密である場合

　データが営業秘密である場合には，データ提供先による当該データの不正開示行為等の不正競争行為（2条1項7号等）に対して，民事上の責任追及（差止め（3条），損害賠償（4条，5条）等）を行うことができる。

　また，前記(2)イのとおり，従業員が営業秘密侵害罪（21条1項1号～9号等）に該当する行為を行った場合には，刑事的制裁も科される。

　さらに，前記アのとおり，データ提供元とデータ提供先の間には，データ利用契約，業務委託契約等により，データに関する管理義務，秘密保持義務，目的使用禁止の義務等が定められるのが一般的であるため，データ提供先が，これらの義務に違反した場合には，データ提供元は，当該義務違反に基づく損害賠償を請求することができる。

ウ　②データが限定提供データである場合

　データが限定提供データである場合には，データの提供先が，当該データを不正に開示する等の不正競争行為（2条1項14号等）に対して，民事上の責任追及（差止め（3条），損害賠償（4条，5条）等）を行うことができる。

　また，前記イのとおり，データ提供先がデータ利用契約，業務委託契約等の義務に違反した場合には，データ提供元は，データ提供先に対して，当該義務違反に基づく損害賠償を請求することができる。

エ　③データに権利等が発生していない場合

　データに権利等が発生していない場合には，前記イのとおり，データ提供先がデータ利用契約，業務委託契約等の義務に違反した場合には，データ提供元は，データ提供先に対して，当該義務違反に基づく損害賠償を請求することができる。

(4)　第三者に対する責任追及

ア　第三者との間の契約関係

　従業員・元従業員およびデータ提供先の場合とは異なり，第三者[46]との間

---

(46)　データ提供先の従業員は，「第三者」に該当する。

には，契約関係が存在しない。

イ　①データが営業秘密である場合

　データが営業秘密の場合には，第三者による当該データの持ち出し行為等の営業秘密に係る民事上の不正競争行為（2条1項4号〜10号）に対して，民事上の責任追及（差止め（3条），損害賠償（4条，5条）等）を行うことができる。

　また，前記(2)イのとおり，従業員が営業秘密侵害罪（21条1項1号〜9号等）に該当する行為を行った場合には，刑事的制裁も科される。

ウ　②データが限定提供データである場合

　データが限定提供データである場合には，第三者による当該データの持ち出し行為等の限定提供データに係る民事上の不正競争行為（2条1項11号〜16号）に対して，民事上の責任追及（差止め（3条），損害賠償（4条，5条）等）を行うことができる。

エ　③データに権利等が発生していない場合

　データに権利等が発生していない場合には，営業秘密，限定提供データ等に基づく請求を行うことはできず，また，第三者との間では何ら契約関係が存在しないため，契約に基づく責任追及をすることもできない。

　もっとも，当該データの取得に際して，不正アクセス行為が行われた場合等には，当該行為について不正アクセス禁止法に基づく罰則が適用され得る。

(5)　まとめ

　データに関する責任追及（救済措置）をまとめると，**図表3−4**のとおりである。

　データが営業秘密または限定提供データである場合には，契約関係の有無を問わず，これに基づき，差止請求および損害賠償請求を行うことができる。そ

のため，たとえば，A会社の従業員であるXが，A会社のデータを不正に持ち出し，A会社の競合会社であるB会社に当該データを売却した場合において，当該データが営業秘密または限定提供データであるときは，A会社は，Xおよび B会社に対して，差止請求，損害賠償請求等をすることができる。特に，B会社が当該データを用いて事業を行っている場合には，B会社の当該データを用いた事業の停止までを求めることができる。また，営業秘密または限定提供データに基づく損害賠償請求は，損害賠償の推定規定（不正競争防止法5条）に基づいて行うことができるため，高額な損害賠償が認定される可能性がある。

　これに対して，データに権利等が発生していない場合には，契約関係にある者に対して契約に基づく損害賠償を請求することができるにとどまる。当該損害賠償には，営業秘密または限定提供データの場合のように損害額の推定規定（同法5条）は存在せず，高額な損害賠償が認定されることは少ない。さらに，契約関係にない第三者に対しては，何らの請求もすることができないこととなるため，企業の競争力の源泉となる重要なデータを競合他社に取られてしまっても，何の請求もすることができないことになりかねない。

　このように，データが営業秘密または限定提供データである場合と，データに権利等が発生していない場合とでは，責任追及（救済措置）の点で大きな違いが生じるため，できる限りデータを適切に管理・保護することにより，営業秘密または限定提供データとしての保護を受けられるようにすることが重要である。

（図表3−4）データに関する責任追及（救済措置）

	従業員・元従業員	データ提供先	第三者
①データが営業秘密である場合	営業秘密に基づく請求（差止め，損害賠償等） 営業秘密に基づく刑事的制裁 債務不履行に基づく請求（損害賠償等）	営業秘密に基づく請求（差止め，損害賠償等） 営業秘密に基づく刑事的制裁 債務不履行に基づく請求（損害賠償等）	営業秘密に基づく請求（差止め，損害賠償等） 営業秘密に基づく刑事的制裁
②データが限定提供データである場合	限定提供データに基づく請求（差止め，損害賠償等） 債務不履行に基づく請求（損害賠償等）	限定提供データに基づく請求（差止め，損害賠償等） 債務不履行に基づく請求（損害賠償等）	限定提供データに基づく請求（差止め，損害賠償等）
③データに権利等が発生していない場合	債務不履行に基づく請求（損害賠償等）	債務不履行に基づく請求（損害賠償等）	

6

データのAI利用と著作権

(1) はじめに

　著作物を情報解析に用いる場合には，基本的には，著作権法の権利制限規定（著作権法30条の4第2号）により著作権侵害は成立しない。

　以下では，情報解析に関する権利制限規定である平成30年改正前の著作権法47条の7の規定について外観した上で（後記(2)），現行法（著作権法30条の4第2号）について説明し（後記(3)），最後に著作物であるデータをAIで利用する場合において，権利制限規定（著作権法30条の4第2号）に該当して著作権侵害が成立しない範囲について解説する（後記(4)）。

(2) 平成30年改正前著作権法47条の7

旧47条の7
著作物は，電子計算機による情報解析（多数の著作物その他の大量の情報から，当該情報を構成する言語，音，影像その他の要素に係る情報を抽出し，比較，分類その他の統計的な解析を行うことをいう。以下この条において同じ。）を行うことを目的とする場合には，必要と認められる限度において，記録媒体への記録又は翻案（これにより創作した二次的著作物の記録を含む。）を行うことができる。ただし，情報解析を行う者の用に供するために作成されたデータベースの著作物については，この限りでない。

　平成30年改正前の著作権法47条の7は，上記のとおり，「電子計算機による情報解析……を行うことを目的とする場合には，必要と認められる限度において，記録媒体への記録又は翻案……を行うことができる」として，情報解析が著作権の制限規定に含まれる旨が規定されていた。そして，ディープラーニングおよびDL以外機械学習についても，「電子計算機による情報解析」に該当すると解されていた[(47)]，[(48)]。

　また，平成30年改正前著作権法47条の7は，営利目的であっても適用されるため，営利企業による情報解析も許容している。このように営利目的であっても許容する明文の規定を持つ国は日本以外には見られない[(49)]，[(50)]。

(3)　著作権法30条の4第2号による権利制限範囲の拡大

　前記(2)のとおり，平成30年改正前の著作権法47条の7は，世界に例を見ないほど，ディープラーニングやDL以外機械学習による著作物の利用に対して寛容な規定であった。そして，平成30年改正（著作権法30条の4第2号）により，ディープラーニングやDL以外機械学習による著作物の利用に対する権利制限範囲がさらに拡大された。

　著作権法30条の4第2号は以下のとおりである。

> **著作権法30条の4**　著作物は，次に掲げる場合その他の当該著作物に表現された思想又は感情を自ら享受し又は他人に享受させることを目的としない場合には，その必要と認められる限度において，いずれの方法によるかを問わず，利用することができる。ただし，当該著作物の種類及び

(47)　知的財産戦略本部「新たな情報財検討委員会報告書—データ・人工知能（AI）の利活用促進による産業競争力強化の基盤となる知財システムの構築に向けて—」

(48)　上野達弘「人工知能と機械学習をめぐる著作権法上の課題」『知的財産紛争の最前線(3)』L＆T別冊（民事法研究会，2017年）62頁。

(49)　「日本は「機械学習パラダイス」ともいえよう」との指摘もなされている（前掲注(48)・上野63頁～64頁）。

(50)　上野達弘「平成30年著作権法改正について」『年報知的財産法2018-2019』（日本評論社，2018年）3頁～4頁。

> 用途並びに当該利用の態様に照らし著作権者の利益を不当に害すること
> となる場合は，この限りでない。
> 二　情報解析（多数の著作物その他の大量の情報から，当該情報を構成
> 　する言語，音，影像その他の要素に係る情報を抽出し，比較，分類そ
> 　の他の解析を行うことをいう。第47条の5第1項第2号において同
> 　じ。）の用に供する場合

　著作権法30条の4は，著作物に表現された思想または感情の享受を目的とし
ない利用（以下「非享受利用」という）と位置づけられている。著作権法30条の
4に規定されている場合は，著作物に表現された思想または感情を享受しよう
とする者からの対価回収機会を損なうものではなく，著作権法が保護しようと
している著作権者の利益を害するものでは通常はないと評価できるにもかから
わらず，形式的には権利侵害となってしまうため，必要と認められる限度にお
いて利用することができることとされた[51]。

　著作権法30条の4第2号は，平成30年改正前著作権法47条の7と比較して，
以下の点において制限規定が拡大された。

　まず，改正前著作権法47条の7の「多数の著作物その他の大量の情報から，
当該情報を構成する言語，音，影像その他の要素に係る情報を抽出し，比較，
分類その他の統計的な解析を行うこと」から，「統計的な」という文言が削除
された。これにより，①当該画像等をディープラーニングの学習用データとし
て使用する場合や，②当該画像等をDL以外機械学習に使用する場合が権利制
限対象となることがより明確になった[52], [53]。

　次に，改正前著作権法47条の7の「電子計算機による」との文言が削除され
た。著作権法30条の4が非享受利用についての規定であるため，人の手で行わ
れる情報解析であっても，非享受利用であれば著作権法30条の4の権利制限の

---

(51)　文化庁著作権課「著作権法の一部を改正する法律（平成30年改正）について」コピラ
　　イト58巻692号（2018年）29頁，33頁。
(52)　前掲注(51)・文化庁著作権課34頁。
(53)　前掲注(50)・上野4頁。

対象とされるべきだからである[(54)]。

　そして，改正前著作権法47条の7の「……を行うことを目的とする場合には」という文言が，「……の用に供する場合」に変更された。改正前は，情報解析を行う者が自ら利用する場合が想定されていたのに対して，平成30年改正によって，情報解析を行う他人のために著作物を複製したり，当該他人に著作物を譲渡・公衆送信することも権利制限の対象になった。そのため，たとえば，他社のためにディープラーニング用の学習用データセットを作成したり，情報解析を行う複数事業者で学習用データセットを共有することも可能となった[(55)]。

　さらに，改正前著作権法46条の7の「記録媒体への記録又は翻案（これにより創作した二次的著作物の記録を含む。）を行うことができる」という文言が，「いずれの方法によるかを問わず，利用することができる」に変更された。改正前は，コンピュータの記録媒体への蓄積が想定されていたのに対して，平成30年改正によって「複製」が一般に含まれるほか，公衆への譲渡・公衆送信・頒布といった利用行為も権利制限の対象になった。そのため，たとえば，情報解析を行った者が解析終了後のデータセットを，情報解析を行う他人に送信したり，転売譲渡したりすることも許容されると考えられる[(56)]。

　最後に，改正前著作権法47条の7の「ただし，情報解析を行う者の用に供するために作成されたデータベースの著作物については，この限りではない」という但書が，「ただし，当該著作物の種類及び用途並びに当該利用の態様に照らし著作権者の利益を不当に害することとなる場合は，この限りでない」に変更された。そのため，但書の点については，改正前著作権法47条の7よりも，権利制限の範囲が縮小したのではないかとの見方もあり得るところである。しかし，改正前著作権法47条の7で適法にできることが想定されていた行為については，著作権者の利益を不当に害するものではないと考えられるので，著作

(54)　前掲注(51)・文化庁著作権課34頁。
(55)　前掲注(50)・上野4頁。
(56)　前掲注(50)・上野4頁。

権法30条の４柱書の但書によって，改正前著作権法47条の７の権利制限の範囲が縮小したものではないと考えられる^{(57), (58)}。

⑷ 著作物をAIで利用する場合における権利制限規定（著作権法30条の４第２号）の範囲

以上のとおり，平成30年著作権法改正により，ディープラーニングまたはDL以外機械学習における著作物の利用については，基本的には，著作権法30条の４第２号に基づく著作権の権利制限により，著作権侵害は成立しない。そのため，たとえば，誰でも容易にアクセスすることができるウェブサイトから自由にダウンロードすることができる画像等をディープラーニングの学習用データとして使用する場合や，当該画像等をDL以外機械学習に使用する場合には，基本的には，著作権法の制限規定により著作権侵害は成立しない⁽⁵⁹⁾。

また，著作物をディープラーニングやDL以外機械学習を利用して作成されたプログラムを用いて，新たに作成したものについては，それが元の著作物の創作的表現が残らない形であれば，新たに作成したものには著作権は及ばない。たとえば，画家Xの100枚の絵画をDL以外機械学習によって分析をして，その分析結果（100枚の絵画において特徴的な要素等）を用いてプログラムを作成し，当該プログラムによって新たな絵画を作成した場合において，新たに作成された絵画が，100枚の絵画のそれぞれに似ているとしても，100枚の絵画のいずれの画像の創作的表現も残っていない（新たに作成された絵画から，100枚の画像のどの画像の本質的特徴も直接感得することができない）ときには，著作権は及ばない。すなわち，ある画家等の画風，作風，スタイル，世界観といったものは

(57) 今村哲也「平成30年著作権法改正の概要」法学教室458号（2018年）60頁。
(58) 平成30年著作権法改正に伴う国会の附帯決議（参議院文教科学委員会・附帯決議（平成30年５月17日））では，「柔軟な権利制限規定の導入に当たっては，現行法において権利制限の対象として想定されていた行為については引き続き権利制限の対象とする立法趣旨を積極的に公報・周知すること」と述べられている。
(59) 個人情報については，著作権法30条の４第２号のような規定は存在しないため，上記画像等に個人情報が含まれていれば，個人情報保護法の規制に服することとなる点に留意が必要である。

抽象的な「アイディア」に属するものであり，著作権法が保護対象としている「表現」には該当しない（アイディア／表現二分論）ため，著作権は及ばないといえる[60]。

---

[60]　前掲注[48]・上野63頁。

AI・データ関連契約の
類型と留意点

　第4章では，AI・データ関連契約の類型と留意点について説明する。

　具体的には，データ関連契約の類型（後記①）と留意点（後記②），AI関連契約の類型（後記③）と留意点（後記④）について説明した上で，最後に，本章と第5章・第6章との関係について述べる（後記⑤）。

1

データ関連契約の類型

データ関連契約（データを提供する契約）は，**図表４－１および図表４－２**のとおり，データ受領者がデータを利用することを目的とする場合（以下「類型Ⅰ」という）と，データ提供者が業務を委託することを目的とする場合（以下「類型Ⅱ」という）に分けることができる。

類型Ⅰは，たとえば，データ販売業者がデータを販売する場合，A社がB社に対してディープラーニングに用いる学習用データセットを販売する場合が挙げられる。類型Ⅰでは，データ利用契約等[1] が締結される。

類型Ⅱは，たとえば，データの分析業務を委託する目的で，委託者がデータを提供する場合が挙げられる。類型Ⅱでは，業務委託契約等が締結される。後述するAI関連ソフトウェア開発契約において，利用者がデータを提供して，当該データを用いてプログラムを作成する場合も類型Ⅱに該当する。たとえば，ディープラーニングを用いてプログラムを作成する目的で，委託者が学習用データセットを提供する場合が挙げられる。

---

[1] 類型Ⅰでは，「データ利用契約」のほかに，「秘密保持契約」が締結される場合もある。秘密保持契約を用いる場合には，たとえば，限定提供データが導入された2019年7月1日以前の秘密保持契約の雛形を用いたために電磁的管理性を充足させるための規定が設けられておらず，限定提供データとして保護されなくなってしまうという事態に陥らないように十分に注意する必要がある。

（図表4-1）類型Ⅰ

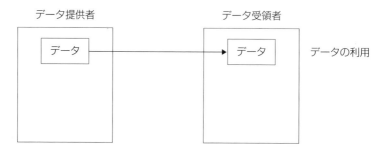

（図表4-2）類型Ⅱ

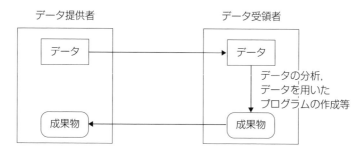

2

データ関連契約における留意点

(1) センサにより取得されるデータに関する留意点

ア　センサによるデータ取得の進展

　近時，センサ[2] の小型化，高機能化，省電力化および低価格化が進み，センサを介して大量のデータを取得することができるようになりつつある。さらに，2020年から開始された5G（第五世代移動通信システム）サービスにより高速・大量のデータ通信が可能となったため，これまでのようにCD，DVD，USB等の外部記憶媒体を介在させることなく，ネットワークを介して大量のデータを送信することができるようになった。

　そのため，今後は，センサにより大量のデータを取得し，当該大量のデータをネットワークを介して高速で送信することが増えることが予想される。

イ　センサにより取得されるデータに発生する知的財産の帰属

　センサにより取得されるデータは，あらかじめ定めた時間で，都度，ネットワークを介して送信することが可能である。そのため，センサにより取得されたデータに知的財産が発生する場合[3] において，センサを付した装置の保有者

---

[2]　センサとは，「温度・圧力・流・光・磁気などの物理量やそれらの変化量を検出する素子，または装置。」である（新村出編『広辞苑〔第七版〕』（岩波書店，2018年）1660頁）。センサによって検出された情報がコンピュータ処理等を行いやすい信号等に変換して利用される。

[3]　第2章①(2)記載のとおり，データに知的財産が発生する場合のほかに，データが法律上保護される利益（民法709条）に該当する場合もあり得るが，契約条項では知的財産

と，センサから得られたデータの送信先とが異なるときは，当該データに係る知的財産がどちらに帰属するかが問題となり得る。

　この点については，センサを用いない場合と，センサを用いる場合とで比較をするとわかりやすい。

　そこで，まず，センサを用いない事例1について検討する。

事例1

> 　A社は，自社の工場の機械の操業データの分析をB社に委託した。その際，操業データについて，A社内でとりまとめて整理したデータ（D_1）をDVDに記録し，これをB社に渡し，B社からD_1の分析結果報告書を受領した。

　事例1においては，D_1は，A社の工場の機械の操業データであり，A社がとりまとめて整理することによりD_1を作成しているから，D_1に知的財産が発生した場合[4]には，当該知的財産はA社に帰属することとなる。

事例2

> 　A社は，自社の工場の機械の操業データの分析をB社に委託した。その際，A社の工場の機械にセンサを付けて，センサからのデータを直接B社に送信していた。B社は，センサから受領したデータのうち，A社から事前に受けた指示に基づいて整理したデータ（D_2）について分析を行い，A社にD_2の分析結果報告書を提出した。

　事例2において，D_2に知的財産が発生した場合，当該知的財産はA社に帰属するのであろうか，それともB社に帰属するのであろうか。

のみについて規定することが多いため，本章では，データに知的財産が発生する場合について記載する。

[4]　第3章①のとおり，データに発生する権利等は，主に，営業秘密または限定提供データである。また，データは有体物ではなく，無体物であるために所有権が発生しないから，法的な観点からは，データ自体の「帰属」を検討することには意味がない。

　実際にデータを整理してD_2を創り上げたのはB社であるから，当該知的財産は，B社に帰属するという考え方があり得る。

　これに対して，D_2を構成する各データは，いずれもA社の工場の機械から出てきたデータであり，B社によるD_2の作成行為は，A社の指示に基づいて，いわばA社の手足として行った行為にすぎず，D_2を創り出したのはA社であるから，当該知的財産は，A社に帰属するという考え方もあり得る。

　このように，事例2においては，D_2に知的財産が発生した場合，当該知的財産がA社とB社のいずれに帰属するかについて見解が分かれ得る。

ウ　契約実務において採るべき対応

　前記イの事例2のように，センサ等を通じて取得されるデータに知的財産が発生した場合，当該知的財産の帰属については，見解が分かれ得る。

　しかし，データに発生する知的財産は，移転させる（譲渡する）ことができるから，契約当事者間でこれらを最終的にいずれに帰属させるかについて，あらかじめ合意をしておくことができる。すなわち，いずれかの契約当事者に当該知的財産が原始的に帰属（知的財産が発生したときに帰属）した場合であっても，それとは異なる契約当事者に知的財産を最終的に帰属させる旨の合意をあらかじめ契約当事者間で行い，これを契約で定めておくことで，知的財産を最終的に帰属させることとした契約当事者に当該知的財産を移転させることができる。

　上記の事例2において，データに発生する知的財産を最終的にA社に帰属させる場合の条項の例は，以下のとおりである。

> （知的財産の帰属）
> 第●条
> ●　センサを介して得られたデータに係る知的財産のうち，B社が取得したものは，ただちにA社に移転するものとする。

　したがって，データ関連契約においては，①センサ等を通じて取得される

データの有無を確認した上で，②当該データに知的財産が発生した場合に，当該知的財産をどちらに帰属させるかについて交渉を行うことが重要である[5]。

(2)　派生データに関する留意点

ア　派生データに発生する知的財産

データ関連契約では，類型Ⅰ（データ受領者がデータを利用することを目的とする場合）と類型Ⅱ（データ提供者が業務を委託することを目的とする場合）のいずれの場合においても，データ提供者が提供したデータを，データ受領者が加工等することによって派生的なデータ（以下「派生データ」という）が生じる場合がある。

派生データに知的財産が発生している場合[6]に，当該知的財産が誰に帰属するかは，その派生データが作成された経緯，元のデータとの差異の程度等によって変わり得る。

たとえば，元のデータに番号を形式的に付しただけのデータに，元のデータとは別に新たな知的財産が発生する可能性は低いであろう。

これに対して，類型Ⅱのデータの分析業務の委託を受けたデータ受領者が，分析を効果的に進める上で有益な前処理を元のデータに施すことにより生まれた派生データには，元のデータとは別の新たな知的財産が発生する可能性がある。そして，派生データに新たな知的財産が発生する場合には，当該知的財産がデータ受領者に原始的に帰属するか，または，当該知的財産がデータ受領者と元のデータの知的財産の保有者の両者に原始的に帰属する（共有となる）ことになる。

---

(5)　事例2では，センサを介して得られたデータに発生する知的財産は，A社に帰属するという合意が成立する場合が多いであろう。なぜなら，事例2は，事例1と実質的に同じ内容をセンサを用いてスムーズに行っているにすぎないと評価されることが多いと思われ，事例1においては当該知的財産はA社に帰属するからである。

(6)　第3章①記載のとおり，派生データに知的財産が発生する場合のほかに，派生データが法律上保護される利益（民法709条）に該当する場合もあり得るが，契約条項では知的財産のみについて規定することが多いため，本箇所では，派生データに知的財産が発生する場合について記載する。

　このように，派生データに，元のデータとは別の新たな知的財産が発生している場合と発生していない場合があり，新たな知的財産が発生している場合には，当該知的財産がデータ受領者に原始的に帰属するときと，当該知的財産がデータ受領者と元のデータの知的財産の保有者の両者に原始的に帰属するときがある。

イ　派生データに発生する知的財産に関して契約実務において採るべき対応

　第3章①のとおり，派生データに発生する知的財産は，主に，営業秘密または限定提供データである。そして，営業秘密，限定提供データ等は，前記(1)ウのとおり，移転させる（譲渡する）ことができる。

　そこで，派生データについては，①どのような派生データが生じるかを確認した上で，②当該派生データに知的財産が発生した場合に，当該知的財産をどちらに帰属させるかについて交渉を行うことが重要である。

　まず，派生データの存在に気がつかない場合には，当該派生データの帰属が曖昧になりかねないため，どのような派生データが生じるかを確認する必要がある。

　そして，派生データがどのようなものであるかを確認した上で，当該派生データに知的財産が発生した場合に，当該知的財産をどちらに帰属させるかについて交渉を行うことが重要である。

　また，データ提供者が，当該派生データに知的財産が発生した場合には自らに知的財産を帰属させたいと考えるときは，契約条項において自己に派生データの知的財産が帰属する旨を定めることに加えて，データ受領者が作成する派生データの内容，および，当該派生データ等をデータ受領者からデータ提供者に対して開示しなければならない旨を定めることが重要である。派生データの作成はデータ受領者が行うため，データ利用契約等においてデータ提供者に派生データの知的財産が帰属する旨を定めたとしても，データ提供者は当該派生データの存在を知る機会がなく，利用することができないという事態になりかねないからである。

　さらに，データ提供者が，データ受領者による派生データの作成を制限したいと考える場合には，データ利用契約におけるデータの利用目的を具体的，かつ，明確に定めた上で，提供データの目的外使用を禁止することが有益である。

ウ　派生データと権利帰属条項以外の条項との関係

　契約上，元データに関する権利帰属条項のみが存在する場合，元データに関する規定が，派生データに適用されるかは，明らかではない。

　たとえば，加工等の程度が小さい派生データについては，契約解釈上，提供対象データと同一性を有するものとして，提供対象データに関する規定が適用され得る。しかし，どの程度の加工であれば，元データの規定が適用されるかは明らかではない。また，派生データには，前記アのとおり，さまざまなものがある。

　したがって，提供データとは別に，派生データの取扱い（秘密保持，利用目的，利用期間，契約終了後の措置等）についても規定しておくことが重要である。

(3)　データ提供者による外部へのデータ提供に伴う留意点

ア　外部へのデータ提供と，営業秘密・限定提供データの保護要件

　外部にデータを提供する場合において，当該データにつき，営業秘密や限定提供データとしての保護を受けようとするときは，データ提供先においても，営業秘密や限定提供データの要件を充足する管理がなされていることが必要である。データ提供先の管理の仕方によっては，営業秘密および限定提供データとしての保護を受けられなくなってしまうリスクがある。

　すなわち，データ受領者が，データ提供者から受領した提供対象データについて，営業秘密として保護されるための要件である秘密管理性を充足しないずさんな管理をしていた場合には，仮に，データ提供者が，自らが保有する提供対象データについて秘密管理性の要件を充足する管理をしていたとしても，提供対象データが営業秘密として保護されなくなってしまうというリスクがある。

たとえば，データ受領者が秘密管理規程によりデータの管理方法を定めていたものの，当該秘密管理規程が形骸化しており，従業員がまったく守っていなかった場合等には，営業秘密として保護されなくなってしまうリスクがあるのである。

　限定提供データについても同様である。データ受領者が，データ提供者から受領した提供対象データについて，限定提供データとして保護されるための要件である電磁的管理性を充足しない管理をしていた場合には，仮に，データ提供者が，自らが保有する提供対象データについて電磁的管理性の要件を充足する管理をしていたとしても，提供対象データが限定提供データとして保護されなくなってしまうというリスクがある。たとえば，データ受領者が，提供対象データについて，アクセス制限をまったく行っていなかった場合等には，限定提供データとして保護されなくなってしまうリスクがあるのである。

イ　データ提供先に求めるべき提供対象データの管理

　第3章④(3)のとおり，データが生まれた時点では，それが営業秘密に該当するか，それとも限定提供データに該当するかが明らかではないことも少なくなく，また，仮に判断することができたとしても，別々の管理の仕方にすると，同じ管理の仕方をする場合と比較して，管理コストがかかってしまうため，データの管理・保護においては，営業秘密と限定提供データの補完的関係を考慮した管理（営業秘密として保護されるように管理を行い，秘密管理性の要件の充足が認められずに営業秘密として保護されないときは，限定提供データとして保護されるようにする管理）を行うことが望ましい。

　外部にデータを提供する際には，データが生まれた時点と比較すると，相対的には，当該データが営業秘密と限定提供データのいずれに該当するかを判断しやすくなっている面があるかもしれない。しかし，営業秘密の要件である秘密管理性については，充足していると考えていたとしても，訴訟において争われ，最終的に否定されることも少なくないため，秘密管理性の要件の充足性を判断することは容易でない。そのため，データ提供時に，当該データが営業秘

密に該当するか否か（秘密管理性を充足するか否か）を決めつけずに，データ受領者に対して，営業秘密の要件である秘密管理性，および，限定提供データの要件である電磁的管理性の両方を充足する管理を求めることが望ましい。

　また，提供対象データの中に，営業秘密に該当する可能性が高い情報と，限定提供データに該当する可能性が高い情報が混在している場合に，それらについて別々の方法で管理することを求めると，データ受領者が管理方法を誤るリスクが高まることに加えて，データ受領者の管理コストが大きくなるというデメリットがある。そのため，このような場合においても，データ受領者に対して，営業秘密の秘密管理性，および，限定提供データの電磁的管理性の両方の要件を充足する管理を求めることが望ましい[7]。

ウ　データ受領者に求めるべき派生データの管理

　データ提供者としては，派生データについても，提供対象データと同様に，電磁的管理性と秘密管理性の両方を充足する管理を求めるべきである。なぜなら，派生データにはさまざまなものがあるため，加工等の程度が小さい派生データについて秘密として管理されていない場合または電磁的に管理されていない場合には，その元となっている提供対象データについても，秘密管理性または電磁的管理性を喪失する可能性があるからである。

(4)　データ受領者のデータ管理における留意点

　データ受領者としては，データ提供者から求められる管理の内容が，管理コスト等の観点から受け入れることができるものであるかを検討することが必要となる。

---

(7)　第2章[2](5)のとおり，限定提供データの要件である「秘密として管理されているものを除く」という文言を形式的に捉えると，公知の情報を集めたデータであり，かつ，秘密管理をされている場合には，営業秘密にも限定提供データにも該当しなくなってしまうようにもみえるが，そもそも，公知の情報を集めたデータが，「秘密として管理されている」という要件を充足する場合は少ないため，基本的には，当該データについては限定提供データに該当するように思われる。

　そして，契約締結後は，当該データを取り扱う従業員に対して，契約に定められた管理の内容（アクセス制限方法，紙媒体での管理禁止等）について，十分に説明をすることが重要である。

　また，限定提供データは，2019年7月1日に導入された比較的新しい制度であるため，従業員の理解が不十分である可能性がある。そこで，従業員全体に対して，限定提供データの要件等について説明をする場を設けることが望ましい。

3

AI関連契約の類型

　AI関連契約は，大きく，AI関連サービス利用契約（AIを用いたサービスの利用契約）とAI関連ソフトウェア開発契約（AIに関するソフトウェアの開発契約）に分けられる。

ア　AI関連サービス利用契約

　AI関連サービス利用契約に基づくサービスは，インターネット経由で提供されることが多い[8]。そのため，利用者は，サービスにおいてAIが用いられているか否かを判断することができない場合が多い。たとえば，インターネットを介して提供される翻訳サービスを利用する場合において，利用者が翻訳をしたい文章を送信し，翻訳結果の文章を受信した際に，サービス提供者が，ディープラーニングにより作成したプログラム[9]によって翻訳処理をしたのか，DL以外機械学習を用いて作成したプログラム[10]によって翻訳処理をしたのか，AI以外のプログラムを用いて翻訳処理を行ったのか等を判断することはできない。

　また，AI関連サービスの提供者が，AI関連サービスの利用条件として，AI

---

[8]　アプリケーションの機能をインターネット経由で提供するサービスは，SaaS（Software as a Service）と呼ばれている。SaaSの具体例として，Google翻訳，Googleマップ等が挙げられる。

[9]　第1章③(3)のとおり，学習前プログラムに，入力データと教師データのセットを順次入れて学習（ディープラーニング）をさせることにより，プログラムが完成する。

[10]　第1章①のとおり，DL以外機械学習とは，有用な情報（パラメータ，要素等）を抽出するものであり，第1章③(2)のとおり，DL以外機械学習により得られた当該情報を，プログラム（ルール）に組み込むことによりプログラムが完成する。

を用いないサービスと異なる利用条件を課しているという傾向も見あたらない。

　したがって，AI関連サービス利用契約は，従来のインターネットを介して提供されているサービスの契約内容と，基本的には変わりがないものと思われる。

イ　AI関連ソフトウェア開発契約

　第1章①のとおり，AIの中心は，ディープラーニングと，DL以外機械学習である。

　ディープラーニングによりプログラムを作成する場合は，学習用データセットを用いて，ニューラルネットワークのプログラムをディープラーニングさせてプログラムを作成する。この学習用データセットの元となるデータは，利用者がITベンダーに提供する場合が多い。そして，利用者がITベンダーに学習用データセットの元となるデータを提供してソフトウェア開発を委託する場合は，前記①のデータ関連契約の類型Ⅱ（データ提供者が業務を委託することを目的とする場合）に該当することとなる。

　同様に，DL以外機械学習を用いてプログラムを作成する場合において，ITベンダーが利用者から提供を受けたデータを用いて有用な情報（パラメータ，要素等）を抽出し，プログラムを作成する場合も，前記①のデータ関連契約の類型Ⅱに該当する。

4

AI関連契約における留意点

(1) ディープラーニングとDL以外機械学習の違いに関する留意点

ア　はじめに

　AI関連ソフトウェア開発契約に限らず，一般的に，ソフトウェア開発契約を検討する際には，そのソフトウェアの内容，プログラムが作成される過程等を十分に理解した上で，契約条項の検討を行う必要がある。

　第1章①のとおり，ディープラーニングと，DL以外機械学習とでは，その考え方，技術内容等において大きな違いがあるため，この違いをしっかりと理解した上で契約条項を検討することが重要である。

　そこで，以下のタスクを用いて，ディープラーニングによりプログラムを作成する場合と，DL以外機械学習を用いてプログラムを作成する場合の違いについて説明する[11]。

---

(11)　ディープラーニングにより作成されたプログラムの部分と，DL以外機械学習等のディープラーニング以外の方法により作成されたプログラムの部分とから構成されるプログラムも多く存在する点にも留意が必要である。

> 【タスク[(12)]】
> 収穫したキュウリの画像から，キュウリを1級〜6級の6つの等級に分け
> るプログラムを作成する。
> 前提：当該プログラムを作成するために，利用者からITベンダーに対して，
> 　　　100枚のキュウリの画像と，各画像のキュウリの等級の情報が提供され
> 　　　ている。

イ　利用者が提供したデータがプログラムの作成に寄与する程度

　ディープラーニングによりプログラムを作成する場合は，**図表4－3**のとお
りである。利用者から提供されたキュウリの画像，および，各画像のキュウリ
の等級のデータを用いて，ニューラルネットワークのプログラムをディープ
ラーニングさせることによって，プログラム（学習済プログラム）が作成される。

（図表4－3）ディープラーニングを用いたプログラム作成の流れ

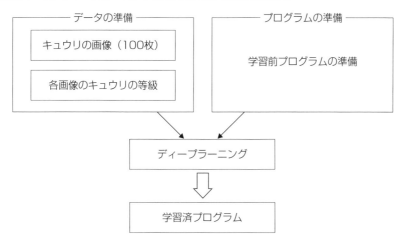

---

(12)　このタスクは，Googleのオープンソースソフトウェア（ディープラーニング開発用ラ
　　イブラリ）であるTensorFlowを用いてきゅうりの等級を判定するプログラムを作成し
　　た事例（「きゅうり等級判別，移住支援も…AI活用急拡大」2017年3月8日付日本経済
　　新聞電子版）を参考にして作成したものである。

　DL以外機械学習を用いてプログラムを作成する場合としては，いろいろな場合があり得るが，比較的多いのは，もともと，ITベンダーが，その基礎となるプログラムを保有しており，そのプログラムを，いわばカスタマイズする形でプログラムを作成する場合である。

　すなわち，上記タスクにおいて，もともと，ITベンダーが，画像から物体の形状，長さ，大きさ，色を分析および評価するプログラムを保有しており，そのプログラムを，100枚のキュウリの画像と，各画像についての1級～6級の等級の評価結果からDL以外機械学習により見つけ出した有益な要素（パラメータ等）を用いて修正することにより，キュウリの等級を判別するプログラムを作成する場合である。

　両者を比較すると，ディープラーニングによりプログラムを作成する場合には，ITベンダーは，ニューラルネットワークのプログラム[13]をディープラーニングさせてプログラムを作成するのに対して，DL以外機械学習の場合には，ITベンダーが，もともと，基礎となるプログラムを保有しているという点が大きく異なる。換言すると，ディープラーニングの場合の方が，DL以外機械学習の場合よりも，利用者が提供したデータのプログラムの作成に対する寄与の度合いが大きいことになる。

　ここで留意すべきは，両者の場合において，利用者が提供しているものは同じもの（100枚のキュウリの画像と，各画像のキュウリについての1級～6級の等級の評価結果）であるにもかかわらず，プログラムの作成に対する寄与の度合いが両者で異なるという点である。

　このように，ディープラーニングを用いて作成されるプログラムと，DL以外機械学習を用いて作成されるプログラムとでは，利用者から提供されたデータのプログラムの作成に対する寄与の度合いが異なる点に留意して，契約条項を検討することが重要である。

---

[13]　このニューラルネットワークのプログラムには，キュウリの等級を判別するためのルールの人為的設定は一切なされていない。すなわち，プログラムを使って実現しようとする内容（キュウリの等級の判別）との関係で，内容的に中立である（前記第1章③(3)脚注29参照）。

ウ　プログラムの著作権の帰属

㋐　はじめに

ソフトウェア開発契約では，プログラムの著作権の帰属が重要な交渉事項となることが比較的多い。そして，前記イのとおり，ディープラーニングにより作成されるプログラムと，DL以外機械学習を用いて作成されるプログラムとでは，利用者が提供したデータのプログラム作成に対する寄与の度合いが異なる。そこで，それぞれの場合において，利用者が提供したデータがプログラムの作成にどの程度寄与したかを理解した上で，著作権の帰属について交渉することが重要である。

㋑　ディープラーニングの場合

ディープラーニングによりプログラムを作成する場合には，利用者から提供されたデータを用いて，ニューラルネットワークのプログラムをディープラーニングさせることによりプログラムを作成するため，利用者（利用者が提供したデータ）およびITベンダーの両者が，プログラムの作成に対して重要な寄与をしていることとなる。そのため，当該プログラムの著作権をどちらに帰属させるかが重要な交渉事項になりやすい。

プログラムの著作権の帰属の契約交渉を行う上では，事前に，「プログラムに関して，最低限，何が必要であるのか」という契約交渉において最低限守るべき条件を整理しておくことが有益である。たとえば，①著作権を自社に帰属させることが必要不可欠であるのか，②著作権の利用許諾を受けることでも足りるのか，③著作権の利用許諾を受けることでも足りるのであれば，最低限，どのような利用条件を確保することができればよいのか等について，事前に検討しておくことが有益である。もちろん事案によっては著作権を自らに帰属させることが必要不可欠な場合もあるが，著作権を自社に帰属させることに固執したために，契約条項全体としては自社に不利益な内容になってしまったり，合意ができずに契約交渉が決裂してしまうリスクがある点にも留意すべきである。

㈢　DL以外機械学習の場合

　DL以外機械学習のうち，上記のようにITベンダーが基礎となるプログラムをもともと保有しており，いわばそのプログラムを利用者が提供したデータを用いてカスタマイズしてプログラムを作成する場合には，ITベンダーがもともと保有していたプログラムについては，ITベンダーに著作権を帰属させる（ITベンダーに著作権が帰属したままとする）のが合理的である場合が多い。上記のタスクでいえば，ITベンダーがもともと保有していたプログラム（画像から物体の形状，長さ，大きさ，色を分析および評価するプログラム）の著作権はITベンダーに帰属することとするのが合理的である。仮に，このような場合にITベンダーがもともと保有していたプログラムの著作権を利用者に帰属させることになると，ITベンダーは，上記のキュウリの等級を判別するためのソフトウェア開発を行ったために，その後に，ITベンダーがもともと保有していたプログラムを用いて，他社から委託を受けてほかのソフトウェアの開発をすることが一切できないという事態になりかねず，ITベンダーの不利益が大きすぎるように思われる。

　そして，DL以外機械学習において重要な交渉事項になることが多いのは，比喩的にいえば，最終的に完成したプログラムから，ITベンダーがもともと保有していたプログラムを除いた部分についての著作権の帰属，利用条件等をどのように定めるかという点である。そして，プログラムの著作権の帰属の契約交渉を行う上では，前記イのディープラーニングの場合と同様に，事前に，「プログラムに関して，最低限，何が必要であるのか」という契約交渉において最低限守るべき条件を整理した上で，交渉することが有益である。

エ　精度保証

　第1章⑤(4)のとおり，ディープラーニングを用いてプログラムを作成する場合には，精度保証を行うことには困難な面がある。

　この点は，人為的にルールを定める場合と比較するとわかりやすい。上記タスクにおいて，キュウリの等級は，(a)長さ，(b)太さ，(c)曲がり具合，(d)色によ

り定まるという前提があれば，人為的ルールとして，(a)長さ，(b)太さ，(c)曲がり具合，(d)色の4つの要素に基づいてキュウリの等級を判別する方法により一定程度の精度を達成することができる。

　これに対して，ディープラーニングの場合には，上記のように，①学習するためのデータを用いて，②ニューラルネットワークのプログラムを学習させることによりプログラムを作成するため，プログラムの精度は，利用者から受領するデータの質・量に依存する面が大きい。そのため，ITベンダーとしては，利用者から受領するデータを用いて実際にプログラムを作成してみなければ，どれくらいの精度が達成できるかがわからず，契約において事前に精度を保証することには困難な面がある。このように，ディープラーニングは，近時，画像認識の分野等で高い精度を達成しているものの，そのプロセスの特性からして，一定の精度を保証することには困難な面がある。したがって，利用者としては，ITベンダーが精度保証をすることは容易ではない面がある点を考慮した上で，ITベンダーに精度保証の条項を求めるかを検討すべきである。

　DL以外機械学習の場合にも，利用者から受領したデータの質・量によって，DL以外機械学習により有益な要素（パラメータ等）を見つけ出せるか否かが変わり得るため，精度を保証しづらい面がある。しかし，上記のように基礎となるプログラムがある場合には，ディープラーニングによりプログラムを作成する場合と比較して，一定の精度を保証しやすいといえる。

(2)　派生データに関する留意点

　AI関連ソフトウェア開発契約のうち，利用者がITベンダーにデータを提供し，当該データを用いてITベンダーがソフトウェア開発を行う場合は，前記①のデータ関連契約の類型Ⅱ（データ提供者が業務を委託することを目的とする場合）に該当する。そのため，前記②(2)と同様の点に留意する必要がある。

　特に，AI関連ソフトウェア開発契約では，価値の高い派生データが生じる場合が多い。たとえば，上記のタスクをディープラーニングで行う場合におい

て，ITベンダーが独自のノウハウに基づいて，キュウリの画像を処理して入力データとしているときは，当該処理後の入力データが高い価値を有する可能性がある。

(3)　データ提供者による外部へのデータ提供に伴う留意点

AI関連ソフトウェア開発契約のうち，利用者がITベンダーにデータを提供し，当該データを用いてITベンダーがソフトウェア開発を行う場合には，前記①のデータ関連契約の類型Ⅱ（データ提供者が業務を委託することを目的とする場合）に該当するから，前記②(3)と同様の点に留意する必要がある。

(4)　PoC（概念実証）の利用

AI関連ソフトウェア開発契約では，本格的なソフトウェアの開発を行う前に，そのソフトウェア開発がうまくいきそうであるかを検証するための契約が締結されることがある。このような検証は，PoC（Proof of Concept）（概念検証）と呼ばれている。

PoCを行うことは，ソフトウェア開発が失敗に終わるリスクを低減するという観点から有益である。そのため，新しい技術であることに加えて，第1章⑤(4)のとおり，精度保証を行うことに困難な面があるディープラーニングを用いたソフトウェア開発契約では，PoCが行われることが多い[14]。

PoCを行う場合には，利用者とITベンダーとの間で，「PoC」がソフトウェア開発のうち，どの段階までを指しているかについての認識に齟齬が生じやすい点に留意すべきである。一般的に，利用者は広く解釈し，ITベンダーは狭く解釈する傾向にある。

そのため，PoCを行う場合には，特に，契約における成果物の範囲（①ITベ

---

[14]　PoCを行うことにより一定の精度が得られることが判明すれば，その後に締結するソフトウェア開発契約において，ベンダーが精度保証を行いやすくなる面がある。

ンダーが行った検証についての報告書のみとするか，②報告書に加えて，検証時に作成されたプログラムや，利用者が提供したデータをプログラムで使用するために加工したデータを含むか等）に注意をすることが重要である。

5

本章と第5章・第6章との関係

　以下の第5章および第6章では，本章[1]～[4]のAI・データ関連契約の類型
および留意点を踏まえて，具体的な契約条項について解説する。

　第5章では，データ関連契約の類型Ⅰ（データ受領者がデータの利用をするこ
とを目的とする場合）の契約条項について解説する。

　また，第6章では，データ関連契約の類型Ⅱ（データ提供者がデータの利用を
することを目的とする場合）のうち，AI関連ソフトウェア開発契約の1つであ
るディープラーニングによりプログラムを作成する場合（利用者が提供するデー
タを用いて，ニューラルネットワークのプログラムをディープラーニングさせてプ
ログラムを作成する場合）の契約条項について解説する。

第 **5** 章

データ提供契約の条項

　第5章では，第4章①で記載したデータ関連契約の類型Ⅰ（データ受領者がデータの利用をすることを目的とする場合）の主な契約条項について解説する[1]。

---

(1)　準拠法，紛争処理条項等の一般条項については，森本大介ほか『秘密保持契約の実務〔第2版〕』（中央経済社，2019年）70頁～98頁。

1

頭　書

【記載例5−1　頭書】

> （頭書）
> 株式会社●（以下「提供者」という）および株式会社●（以下「受領者」という）は，受領者が●●することを目的（以下「本目的」という）として，提供者が受領者に対して提供するデータ（以下「提供対象データ」）の取扱い等について，以下のとおりデータ提供契約（以下「本契約」という）を締結する。

　データ提供契約における受領者の目的そのものが，法的な効果を有するわけではない。

　しかし，データ提供契約では，後記④のとおり，提供対象データについて，目的外使用の禁止条項が規定されることが多く，当該条項が規定される場合には，データ提供契約における受領者の目的が，提供対象データの目的外使用の禁止範囲を画することになる。

　同様に，データ提供契約では，後記⑩のとおり，秘密情報についても，目的外使用の禁止条項が規定されることが多く，当該条項が規定される場合には，データ提供契約における受領者の目的が，秘密情報の目的外使用の禁止範囲を画することになる。

　したがって，データ提供契約における受領者の目的については，提供対象

データおよび秘密情報の目的外使用の禁止範囲を考慮して，慎重に定める必要がある。

2

提供対象データの定義等

【記載例5-2　提供対象データの定義等】

（提供対象データ）

1　「提供対象データ」とは，提供者から受領者に提供する別紙記載のデータをいう。

2　提供者は，●年●月●日までに，提供対象データを，DVDに記録して，受領者に提供するものとする。

3　提供者は，提供対象データが，適法，かつ，適切な方法によって取得されたものであることを表明し，保証する。

4　提供者は，提供対象データには，個人情報の保護に関する法律第2条第1項に規定する個人情報は含まれていないことを表明し，保証する。

別紙

提供対象データ

（1）データの概要

（2）項目

（3）量

（4）ファイル形式

(1)　提供対象データの定義

　データ提供契約等における提供対象のデータ（以下「提供対象データ」という）については，いかなるデータが取引の対象であるのかについて，契約締結後に当事者間で疑義が生じることのないように，できる限り具体的に規定することが望ましい。たとえば，データ提供契約等の別紙において，提供対象データの具体的な内容，項目，量（件数・単位），電子データのファイル形式等について定めることが考えられる。

(2)　提供対象データの提供方法

　提供者が，受領者に対して，提供対象データをどのような方法で提供するかについても規定しておくことが望ましい。提供方法を規定することにより，提供者と受領者との間で，当該データが提供対象データに含まれるか否かの疑義を生じにくくさせることができるからである。

　提供対象データの提供方法としては，①DVD等の電子記録媒体に保存して提供する方法，②提供者が保有するサーバに，受領者がアクセスしてダウンロードする方法，③提供者が，電子メールに添付して，受領者に送信する方法等が考えられる。

　①～③の方法には，それぞれ，メリット・デメリットがある。

　一般的に，データは無体物であり，容易に複製することができるため，受領者側が，意図せずに複製禁止条項に違反した複製を行ったり，目的外使用禁止

条項に違反した利用がなされやすい面がある。この点からは，①の方法を採ることが望ましい。なぜなら，①の方法では，提供者が受領者に対して有体物である電子記録媒体自体を渡すために，受領者側に，他社からデータを預かっているという意識を持たせることが期待できるからである。その際に，電子記録媒体自体に，提供者の社名，「秘密」，「複製禁止」等の文字を記載しておくと，より高い効果が期待できる。

また，データを提供する手間という観点からは，①の方法が最も手間がかかる方法であり，②または③の方法の方がより簡便であるという点でメリットがある。

さらに，②の方法のうち，受領者にデータをダウンロードさせずに，データを閲覧のみさせるという方法が考えられる。この方法によれば，提供者としては，受領者側で，複製禁止条項に違反して複製がなされることを防ぎ，また，受領者の誰が，いつ，提供対象データを閲覧しているかを把握できるというメリットがある。しかし，この方法を採る場合であっても，受領者側で閲覧できる以上，データをダウンロードできなくても，データが映っているパソコンの画面の写真を撮ることは可能である点に留意する必要がある。また，受領者側の誰がアクセスしているかについては，たとえば，受領者の特定の従業員のみが利用することとなっているID・パスワードを，契約に違反して受領者のほかの従業員に使われてしまうと，誰がアクセスしているかを正しく認識することができない点に留意すべきである。

このように，データの提供方法には，各方法にメリット・デメリットがあるため，提供対象データの重要性，提供対象データの秘密性の高さ，受領者のシステム，情報管理態勢の便宜，契約終了時の受領者による提供対象データの破棄・返還を提供者が確認する際の便宜等を考慮しつつ，どのようなデータの提供方法とするかを検討することが望ましい。

(3)　提供対象データと，秘密情報の関係

　データ提供契約では，提供対象データのほかに，提供者・受領者の双方から相手方に提供される情報の取扱いを定める必要がある。具体的には，提供者・受領者の双方から相手方に提供される情報のうち，一定のものを秘密情報とした上で，秘密情報については秘密保持義務，目的外使用の禁止等を定める必要がある。

　ここで留意すべき点は，提供対象データと，秘密情報については，別々に規定するべきであり，提供対象データを秘密情報に含めるのは望ましくないという点である。

　提供対象データは，受領者が対価を支払う等して利用することを希望するものであるから，営業秘密または限定提供データに該当することが多い。そのため，提供者は，受領者に対して，提供対象データが営業秘密および限定提供データの要件を充足し続ける方法での管理を求めることが重要である。

　これに対して，秘密情報には，営業秘密または限定提供データに該当しない情報も広く含まれることが多い。これは，契約当事者が，営業秘密または限定提供データに該当しない情報についても，第三者に開示されることを望まず，相手方に秘密保持義務を負わせたいと考えることが多いからである。また，秘密情報は，提供対象データと比較すると，重要性の程度がさまざまである。このように，秘密情報は，対象となるものが多く，重要性の程度がさまざまであるため，秘密情報について，提供対象データと同じように，営業秘密および限定提供データの要件を充足する管理（特に，限定提供データの電磁的管理性）を求めることには困難な面がある。

　そのため，データ提供契約においては，提供対象データと，秘密情報を別々に規定した上で，管理方法等について，異なる規定を設ける必要がある（秘密情報の具体的な規定のしかたについては，後記⑩参照）。

⑷　個人情報保護法との関係

　提供対象データの中に個人データ（個人情報保護法2条6項）または匿名加工情報（同法2条9項）が含まれる場合には，提供者および受領者の双方において，当該データについて個人情報保護法に基づいた適切な取扱いをすることが求められる。すなわち，個人データが含まれる場合には，原則として提供について本人の同意を取得することが必要であり，提供者は個人データの提供にあたって記録義務を負い（同法25条），また，受領者は個人データの受領にあたって確認・記録義務を負うことになる（同法26条）。また，匿名加工情報が含まれる場合には，提供について本人の同意を取得する必要はないが，提供者は，当該データに含まれる個人に関する情報の項目およびその提供方法について公表するとともに，受領者に対して当該データが匿名加工情報である旨を明示しなければならない（同法36条4項，37条）。

　そして，提供者のみが個人情報保護法に違反する場合であっても，受領者としてはレピュテーションの観点から受領したデータの利用を控えなければならなくなる場合が少なくない。そのため，受領者としては，提供者に，データ提供契約等において，提供対象データに個人情報または匿名加工情報が含まれない場合には，前記記載例5−2のように，その旨を表明保証するよう求めるのが望ましい。

　さらに，提供対象データに個人情報または匿名加工情報が含まれる場合には，提供者と受領者による個人情報保護法の遵守を担保する条項を規定するのが望ましい。

⑸　著作権法との関係

　第3章⑥のとおり，著作物を情報解析に用いる場合には，基本的には，著作権法の権利制限規定（著作権法30条の4第2号）により著作権侵害は成立しない。

そのため，受領者が，たとえば，統計分析，ディープラーニングによるプログラムの作成，DL以外機械学習によるプログラムの作成に提供対象データを利用する場合には，著作権侵害は成立しない。

3

提供対象データの利用許諾

【記載例5−3　提供対象データの利用許諾】

（提供対象データ）
1　提供者は，受領者に対して，本契約の有効期間中，提供対象データを
　利用することを許諾する。
2　受領者は，提供対象データを，提供者の事前の承諾なく，複製または
　改変をしてはならない。
3　提供対象データに係る知的財産は，提供者に帰属し，提供者は，受領
　者に対して，提供対象データに係る知的財産を譲渡，移転するものでは
　なく，また，本契約に明示されているものを除き，提供対象データに係
　る知的財産の利用を許諾するものではないことを，提供者および受領者
　は相互に確認する。

(1)　提供対象データの「許諾」の意味

　第3章①(2)のとおり，データは有体物ではなく，無体物であるから，データ
には所有権は発生しない。そして，第3章①のとおり，データに発生する権利
等は，主に，営業秘密と限定提供データである。
　そのため，提供対象データに営業秘密，限定提供データ等の知的財産が発生
している場合には，前記記載例5−3のように，提供者が受領者に対して，当

該知的財産の利用を許諾することとなる。

　一方，提供対象データに知的財産が発生していない場合には，前記記載例5－3は，単に，提供したデータを利用することを認める旨を規定したものとなる。

　また，提供対象データの一部に知的財産が発生しており，その他の部分には発生していない場合には，前者については知的財産の利用許諾，後者についてはデータの利用を認める旨の規定となる。

　このように，提供対象データの内容によって「許諾」の意味は異なり得るが，いずれにせよ，提供者から受領者に対する「許諾」により，受領者が提供対象データを利用することができることとなる。

⑵　提供対象データの複製・改変

　提供対象データについて，受領者に複製や改変を禁止する旨を規定する場合がある。特に，提供対象データの重要性や秘密性が高い場合には，複製や改変を禁止することが多い。

　これに対して，契約の目的との関係で，そもそも，提供対象データを複製・改変をしなければ，契約の目的を達せられないような場合には，提供対象データの複製および改変を認めるのが合理的である。

　したがって，提供対象データの複製・改変を制限するか否かは，提供対象データの重要性または秘密性，契約の目的，受領者における利用の便宜等を考慮して定めるべきである。

⑶　提供対象データに発生している知的財産の帰属

　前記⑴のとおり，前記記載例5－3の第1項により，提供対象データに発生している知的財産について，提供者から受領者に対して利用の許諾がなされているのであり，提供対象データに発生している知的財産を，提供者から受領者

に対して譲渡等しているわけではない。

　前記記載例5－3の第3項は，この点を明確にするための確認規定である。また，第3項では，提供対象データに発生している知的財産について，本契約で定める内容以外では利用を許諾していないことについてもあわせて確認をしている。

　データに関する権利関係は，複雑な面があり，誤解が生じやすいため，誤解を避けるために確認規定が設けられることが比較的多い。

4

目的外使用の禁止

【記載例5－4　目的外使用の禁止】

（目的外使用の禁止）

受領者は，提供対象データを，本目的以外のために使用してはならないものとする。

　前記①のとおり，契約の目的が，目的外使用の禁止範囲を画することになるため，提供対象データの使用禁止範囲を検討する上で，契約の目的の規定内容が重要となる。

　目的外使用の禁止を規定しなくても，提供対象データが営業秘密に該当する場合には不正競争行為に対する民事的措置（不正競争防止法2条1項4号～10号，3条，4条等）や刑事的制裁（同法21条等）があり，また，限定提供データに該当する場合には不正競争行為に対する民事的措置（同法2条1項11号～16号，3条，4条等）がある。

　しかし，これらの不正競争行為は一定の場合に限られているため，受領者による提供対象データの使用を限定するために，目的外使用の禁止の条項が設けられることが多い。

5

派生データ

【記載例5－5　派生データ（派生データに関する権利を提供者に帰属させる場合)】

（派生データ）

1　受領者が，提供者から事前に承諾を得て提供対象データを改変した場合には，当該改変されたデータ（以下「派生データ」という）に発生している知的財産は，提供者に帰属するものとし，受領者が派生データに発生している知的財産を取得した場合には提供者に移転するものとする。

2　提供者は，受領者に対して，派生データを，本契約の有効期間中，利用することを許諾する。

3　受領者は，派生データを，提供者の事前の承諾なく，複製または改変をしてはならない。

4　受領者は，派生データを，本目的以外のために使用してはならないものとする。

派生データについての留意点は，第4章②(2)のとおりである。

第4章②(2)アのとおり，派生データに知的財産が発生している場合に，当該知的財産が誰に帰属するかは，その派生データが作成された経緯，元のデータとの差異の程度等によって変わり得るものであり，知的財産が発生している場合には，知的財産が受領者に原始的に帰属するときと，知的財産が受領者と元のデータの知的財産の保有者の両者に原始的に帰属するときがある。

　しかし，第4章②(2)イのとおり，派生データに発生した知的財産は譲渡可能である。

　したがって，派生データについては，①どのような派生データが生じるかを確認した上で，②当該派生データに知的財産が発生した場合に，当該知的財産をどちらに帰属させるかについて交渉を行うことが重要である。

　そして，第4章②(2)ウのとおり，提供対象データに関する規定が，派生データに適用されるかは，明らかではないため，提供データとは別に，派生データの取扱い（秘密保持，目的外使用の禁止，利用期間，契約終了後の措置等）についても規定しておくことが重要である[(2)]。

　前記記載例5−5の第1項のように，データ提供者が，当該派生データに知的財産が発生した場合には自らに知的財産を帰属させたいと考えるときは，第4章②(2)イのとおり，契約条項において自己に派生データの知的財産が帰属する旨を定めることに加えて，データ受領者が作成する派生データの内容，当該派生データ等をデータ受領者からデータ提供者に対して開示しなければならない旨を定めることが重要である。なぜなら，派生データの作成はデータ受領者が行うため，データ利用契約等においてデータ提供者に派生データの知的財産が帰属する旨を定めたとしても，データ提供者は当該派生データの存在を知る機会がなく，利用することができないという事態になりかねないからである。

　提供対象データを分析した結果自体は，改変データには該当しない場合が多いであろう。また，提供者が，提供対象データを分析した結果の開示を求めたり，分析結果に発生した知的財産の自己への帰属を求める場合は，もはやデータ提供契約ではなく，業務委託契約（第4章で分類した類型Ⅱ）に該当するといえる。

　受領者が提供対象データを用いてディープラーニングによってプログラムを作成した場合には，当該プログラムは，提供対象データが「改変されたデータ」ではないため，派生データには該当しない。

---

(2)　本条項例では，秘密保持については記載例5−6で，契約終了後の措置については記載例5−9で規定している。

6

提供対象データの管理

【記載例5－6　提供対象データの管理】

（提供対象データ）
1　受領者は，提供対象データ（複製物を含む。以下同じ）および提供者から事前の承諾を得て作成した派生データ（複製物を含む。以下同じ）について厳に秘密を保持するものとし，提供者の事前の書面による承諾なしに第三者に対して開示または漏えいしてはならないものとする。
2　受領者は，提供対象データおよび派生データを，本契約の目的のために知る合理的に必要のある最小限度の範囲の自己の役員および従業員，ならびに，本取引に関して受領者が依頼する弁護士，公認会計士，税理士その他のアドバイザー（総称して以下「役員等」という）に限り開示することができるものとする。
3　受領者は，前項の規定に基づき提供対象データまたは派生データの開示を受ける第三者が法律上守秘義務を負う者でないときは，本契約に定める秘密保持義務と同等の秘密保持義務を当該第三者に課して，その義務を遵守させるものとし，かつ，当該第三者においてその義務の違反があった場合には，受領者による義務の違反として，提供者に対して直接責任を負うものとする。
4　第1項の規定にかかわらず，受領者は，法令または裁判所，監督官庁，金融商品取引所その他被開示当事者を規制する権限を有する公的機関の

裁判，規制もしくは命令に従い必要な範囲において提供対象データを公表し，または開示することができる。ただし，受領者は，かかる公表または開示を行った場合には，その旨を遅滞なく提供者に対して通知するものとする。

5　受領者は，提供対象データおよび派生データを電子データとして管理するものとし，提供対象データおよび派生データを紙媒体へ印刷する等して管理してはならない。

6　受領者は，提供対象データの管理において，IDおよびパスワードによるアクセス制限，または，提供者および受領者が別途合意したその他の適切な認証方法によるアクセス制限を行うものとする。

(1)　提供者が受領者に対して提供対象データについて求める管理方法についての考え方

　提供対象データが，営業秘密である場合には，提供者は受領者に対して，提供対象データについて営業秘密の要件を充足する管理を求める必要がある。また，提供対象データが限定提供データである場合には，提供者は受領者に対して，提供対象データについて限定提供データの要件を充足する管理を求める必要がある。そのため，提供対象データが，営業秘密であることが明確である場合，または，限定提供データであることが明確である場合には，提供者は受領者に対して，営業秘密または限定提供データの要件を充足するための管理を求めるという方法も一応考えられる。

　しかし，提供対象データが営業秘密に該当するか，限定提供対象データに該当するかが明らかではないことも少なくない。

　まず，データが生まれた時点では，いずれに該当するかが明らかではないことが少なくない。また，営業秘密の要件である秘密管理性については，提供者が充足していると考えていたとしても，訴訟において争われ，最終的に否定さ

れることも少なくない。

　次に，提供対象データの中に，営業秘密に該当する可能性が高い情報と，限定提供データに該当する可能性が高い情報が混在している場合に，それらについて別々の方法で管理することを求めると，受領者が管理方法を誤るリスクが高まることに加えて，受領者の管理コストが大きくなるというデメリットがある。

　このように，提供対象データが営業秘密に該当するか，限定提供対象データに該当するかが明らかではないことも少なくない。また，第3章③(4)のとおり，提供対象データが営業秘密と限定提供データの両方で保護されることはないが，営業秘密の要件である秘密管理性を有しない場合において，限定提供データの要件を充足していれば限定提供データとして保護されるというように，営業秘密と限定提供データには補完的な関係がある。

　したがって，提供者は，受領者に対して，営業秘密と限定提供データの要件を充足する管理を求めることが望ましい。

(2)　秘密保持義務

　提供対象データについて，提供者は受領者に対して秘密保持義務を負わせることになる。しかし，何ら例外のない秘密保持義務を課すことは，受領者に不可能を強いることになりかねないため，例外を定めることが必要になる。

　1つめの例外として，データ提供契約の目的を達成するために，受領者が自らのグループ会社およびその役職員やアドバイザー等に提供対象データを開示することが必要な場合がある。そのため，たとえば，前記記載例5－6の第2項のような例外を設けることが考えられる。

　これらの者に提供対象データを開示するにあたっては，当該開示先との間で，当事者間のデータ提供契約と同程度の内容の守秘義務を定めた契約を締結することを要請し，かつ，受領者との関係では，受領者が情報を開示した第三者における情報漏えい等の責任は，受領者が提供者に対して直接負う旨が合意され

ることが多い。また，弁護士，公認会計士等の法律上の守秘義務が課されている第三者については，その法律上の守秘義務の方が刑事罰を科され得る等厳格であることに鑑み，秘密保持契約の締結を要請しないことも少なくなく，前記記載例5－6の第3項はその場合の記載例である。

　次に，秘密保持義務を根拠に，常に法令等に基づく情報開示の要請を拒絶できるわけではないため，かかる法令等に基づく情報開示の要請があったことを秘密保持義務の例外として定めておかないと，受領者は，情報を開示してデータ提供契約に違反するか，情報を開示せずに法令等に違反するかの二択を迫られることになりかねない。そこで，たとえば，前記記載例5－6の第4項のように，規定することとなる。

(3)　具体的な管理方法

　前記(1)のとおり，提供者は，受領者に対して，営業秘密と限定提供データの要件を充足する管理を求めることが望ましい。すなわち，営業秘密については秘密管理性および非公知性，また，限定提供データについては電磁的管理性を充足する管理を求めることが望ましい。

　具体的には，まず，営業秘密の要件である秘密管理性および非公知性を充足するために，たとえば前記記載例5－6の第1項〜第4項のように，提供者が受領者に対して，秘密保持義務を負わせることが必要となる。

　次に，限定提供データの電磁的管理性を充足するためには，提供対象データが電子データとして管理されていなければならない。そのため，たとえば前記記載例5－6の第5項・第6項のように，紙媒体に印刷する等して管理してはならないことを定めることとなる。また，第2章②(2)のとおり，電磁的管理性の要件が満たされるためには，特定の者に対してのみ提供するものとして管理するという保有者の意思を第三者が一般的にかつ容易に認識できるかたちで管理されている必要がある。当該管理をするためにはユーザー認証によるアクセス制限が用いられるのが一般的であり，認証の方法としては，①特定の者のみ

が持つ知識による認証（ID，パスワード，暗証番号等），②特定の者の所有物による認証（ICカード，磁気カード，特定の端末機器，トークン等），③特定の者の身体的特徴による認証（生体情報等）等が考えられる。そのため，たとえば前記記載例5－6の第6項のように，IDおよびパスワードによる管理と，提供者が事前に書面により承諾するその他の方法により管理を定める方法が考えられる。

⑷　限定提供データの「秘密として管理されているものを除く」という要件との関係

　限定提供データには，「秘密として管理されているものを除く」という要件がある。この文言を形式的に捉えると，公知の情報を集めたデータであり，かつ，秘密管理をされている場合には，営業秘密にも限定提供データにも該当しなくなってしまうようにも見える。

　しかし，第2章②⑸のとおり，そもそも，「秘密として管理されているものを除く」という要件は，「営業秘密」と「限定提供データ」の両方で重複して保護を受けることを避ける趣旨の要件であり，また，公知の情報を集めたデータが，「秘密として管理されている」という要件を充足する場合は少ないため，基本的には，当該データについては限定提供データに該当するように思われる。

　また，提供対象データは，受領者のほかに，少なくとも提供者において管理されている。そのため，提供対象データが受領者の下で「秘密として管理されている」としても，そのことのみによって，提供対象データが「秘密として管理されている」ことにはならない。したがって，たとえば，提供者が，提供者において「秘密として管理」していない場合には，提供者が受領者に対して「秘密として管理」させていたとしても，提供対象データは「秘密として管理されているもの」には該当しないこととなる。

　以上を考慮すると，受領者に対して提供対象データを「秘密として管理」させたとしても，提供対象データを限定提供データとしても保護することができ

る実務上の工夫が可能であるように思われる。

(5)　管理対象データ

　管理対象とするデータについては，提供対象データの複製物を含むというのが提供者および受領者の合理的な意思解釈であるように思われる。しかし，疑義を避けるため，念のため，提供対象データの複製物も対象となることを明記しておくことが望ましい。

　また，前記⑤のとおり，提供対象データについての規定が，派生データにも適用されるかは明らかではないため，派生データについても管理対象とすることを規定しておくことが望ましい。

7

非保証

【記載例5－7　非保証】

（提供者の非保証）

1　提供者は，提供対象データの正確性，完全性および有用性について何ら保証を行わない。

2　提供者は，受領者による提供対象データの使用が，第三者が保有する知的財産その他の権利を侵害しないことについて何ら保証を行わない。

(1)　提供対象データの内容に関する非保証

　前記②(1)のとおり，提供対象データの内容については，契約締結後に当事者間で疑義が生じることのないように，データ提供契約の別紙等においてできる限り具体的に規定することが望ましい。

　提供者としては，提供対象データの内容をできる限り特定した上で，たとえば，前記記載例5－7の第1項のように非保証の条項を規定する必要があるか否かを検討するべきである。特に，データの量が多く，すべての提供対象データの正確性や完全性（データがすべて揃っていること）を確認することが容易ではない場合には，正確性および完全性についての非保証条項を規定することが望ましい。

　また，通常は，データ提供契約において，提供者が契約により定めた内容に

合致する提供対象データを提供した場合には，仮に，受領者が提供対象データを利用することにより得ることを想定していた成果が得られない場合であっても，責任を負わないものと思われる。しかし，提供者としては，前記の場合において受領者から損害賠償請求等を受けるリスクを低減させるために，前記記載例5−7の第1項のように，提供対象データの有用性の非保証を規定することが考えられる。

ちなみに，記載例5−2の第3項および第4項にも，保証に関する条項が規定されているが，これらは前記②(4)のとおり，個人情報保護法の規定に関するものであり，提供対象データの正確性，完全性および有用性に関して保証をするものではない。

(2)　提供対象データの第三者の知的財産権非侵害の非保証

提供者としては，前記記載例5−7の第2項のように，受領者による提供対象データの使用が第三者の知的財産その他の権利を侵害するものではないことを保証することが考えられる。

しかし，第3章①のとおり，データに発生する権利等は，主に，営業秘密または限定提供データであり，特許権等が発生する可能性は低い。そのため，提供対象データを使用する行為が特許権侵害等に該当する可能性は低い。

また，営業秘密および限定提供データは，特許権のように独占排他的な権利ではなく，一定の不正競争行為を禁止する知的財産である。そのため，たとえば，A社が独自に創り出した営業秘密または限定提供データが，たまたまB社がA社よりも前に創り出していた営業秘密または限定提供データと同一または類似するものであったとしても，A社が独自に創り出した営業秘密または限定提供データの使用行為等は，B社の営業秘密または限定提供データの不正競争行為に該当しない。したがって，前記記載例5−2の第3項のように，提供者が「提供対象データが，適法，かつ，適切な方法によって取得」した場合において，受領者による提供対象データの使用が第三者の保有する営業秘密または

限定提供データを侵害することはほとんどないように思われる。

　このように，提供対象データが，第三者の保有する知的財産等を侵害することになるケースは限定的であるといえる。

8

対価および支払方法

【記載例5−8　対価および支払方法】

（対価および支払方法）

受領者は，提供者に対して，提供対象データの利用許諾に対する対価として，●円（税別）を，●年●月末日までに，提供者が指定する口座に振り込むことにより支払うものとする。

　データ提供契約において，契約締結時に，提供対象データが確定している場合には，契約締結時に対価を定めておくのが一般的である。また，支払方法については，一括払い，毎月一定額の支払い等の方法によるのが一般的である。

　これに対して，提供対象データの内容は定まっているが，データの量は定まっておらず，受領者が求める量のデータを，適宜，提供者が受領者に対して提供するという場合には，データの量と対価の関係をできる限り明確に規定しておくことに留意すべきである。

　データ提供契約における対価の定め方については，いろいろな考え方があり得るが，契約締結時において提供対象データが確定していない場合には，当事者間で疑義が生じないように，できる限り明確にデータと対価の関係を契約条項で定めることが重要である。

9

提供対象データの破棄・返還

【記載例5-9　提供対象データの破棄・返還】

> （提供対象データの破棄・返還）
> 1　本契約が終了した場合，受領者は，提供者の指示に従って，提供対象データおよび派生データが記録された媒体を破棄または提供者に返還し，また，受領者が管理する一切の電磁的記録媒体から削除するものとする。
> 2　受領者は，提供者が要請した場合には，速やかに前項に基づく受領者の義務を履行したことを証明する書面を，提供者に対して提出するものとする。

　データ提供契約の終了時に，提供対象データの破棄または返還を求める方法が考えられる。後記⑫記載のとおり，秘密保持義務や目的外使用禁止については，契約終了後も効力を存続させることが可能である。しかし，電子データは複製が容易であること，および，時間が経つにつれて受領者側での担当者の異動等により提供対象データの管理が不十分になっていく傾向にあることを考慮すると，提供対象データを保護するという観点からは，契約終了時に，提供対象データの破棄または返還を求めることが有益な方法であるといえる。この際，提供対象データの複製物[(3)]，および，派生データについても破棄または返還を

---

(3)　上記記載例5-9の第1項では，上記記載例5-6の第1項において「提供対象データ（複製物を含む。以下同じ）」としているため，単に，「提供対象データ」と規定している。

しなければ，実質的には意味のない規定になりかねないという点に留意すべきである。

　提供者としては，データ提供契約の終了時において，提供したデータを確実に破棄・返還してもらうという観点からは，提供対象データを，DVD等の電子記録媒体に記録して提供し，受領者による複製を禁止した上で，契約終了時に当該電子記録媒体の返還を受けるのが望ましい。ただし，実際の契約交渉においては，受領者側での提供対象データの利用の便宜も考慮した上で，提供対象データの提供方法，複製の可否等について交渉をすることとなる。

　前記記載例5-9の第2項のように，データ提供契約等の終了後に，受領者に対して，提供対象データを適切に破棄または返還したことを示す破棄証明書または返還証明書を提出させる方法もある。このような規定を設けることにより，事実上，受領者に対して契約履行の遵守を促す効果があるといえる。

10

秘密情報

【記載例5−10　秘密情報】

（秘密情報）

1　本契約において，「秘密情報」とは，一方当事者（以下「開示当事者」
という）が他方当事者（以下「被開示当事者」という）[4]に対して，
本目的のために，文書，口頭，電磁的記録媒体その他開示の方法および
媒体を問わず，また，本契約締結の前後を問わず，開示した一切の情報，
本契約の存在および内容，ならびに，本取引に関する協議・交渉の存在
およびその内容をいう（ただし，提供対象データを除く）。ただし，以
下のいずれかに該当する情報は，秘密情報には含まれないものとする。

① 開示された時点において，被開示当事者がすでに了知していた情報

② 開示された時点において，すでに公知であった情報

③ 開示された後に被開示当事者の責に帰すべき事由によらずに公知と
なった情報

④ 開示当事者に対して秘密保持義務を負わない正当な権限を有する第
三者から，被開示当事者が秘密保持義務を負うことなく適法に取得し
た情報

---

[4]　本章の契約条項の記載例では，提供対象データを提供する者を「提供者」，受領する
者を「受領者」と定義し，秘密情報を開示する者を「開示当事者」，開示を受ける者を
「被開示当事者」と定義している。

2　被開示当事者は，秘密情報について厳に秘密を保持するものとし，開示当事者の事前の書面による承諾なしに第三者に対して開示または漏えいしてはならないものとする。ただし，被開示当事者は，本目的のために必要な範囲のみにおいて，役員等[5]に対して，秘密情報を開示することができるものとする。

3　被開示当事者は，前項の規定に基づき秘密情報の開示を受ける第三者が法律上守秘義務を負う者でないときは，本契約に定める秘密保持義務と同等の秘密保持義務を当該第三者に課して，その義務を遵守させるものとし，かつ，当該第三者においてその義務の違反があった場合には，被開示当事者による義務の違反として，開示当事者に対して直接責任を負うものとする。

4　第1項の規定にかかわらず，被開示当事者は，法令または裁判所，監督官庁，金融商品取引所その他被開示当事者を規制する権限を有する公的機関の裁判，規制もしくは命令に従い必要な範囲において秘密情報を公表し，または開示することができる。ただし，被開示当事者は，かかる公表または開示を行った場合には，その旨を遅滞なく開示当事者に対して通知するものとする。

5　被開示当事者は，開示当事者から開示された秘密情報を，本目的以外の目的で使用してはならないものとする。

6　被開示当事者は，本契約の有効期間中であるか，本契約終了後であるかを問わず，開示当事者からの書面による請求があった場合には，自らの選択および費用負担により，被開示当事者および被開示当事者より開示を受けた第三者が保持する秘密情報を速やかに返還または破棄するものとする。

7　被開示当事者は，開示当事者が要請した場合には，速やかに前項に基

---

[5]　「役員等」は，記載例5 − 6の第2項に定義したものを意味する。

づく被開示当事者の義務が履行されたことを証明する書面を開示当事者に対して提出するものとする。

⑴　秘密情報と提供対象データとの関係

　秘密情報と提供対象データとの関係は，前記②⑶のとおりであり，提供対象データを秘密情報に含めるのではなく，提供対象データと，秘密情報を別々に規定した上で，管理方法等について異なる規定を設けるべきである。

　秘密情報は，データ提供契約の提供者および受領者の双方から相手方に提供されるものであるから，提供者および受領者のいずれもが，前記記載例5－10の「開示当事者」および「被開示当事者」になり得る。

⑵　秘密情報の定義

　一般に，秘密情報は，原則として秘密情報に含まれるものと，その例外によって定義される。

　原則として秘密情報に含まれるものとしては，当事者が開示する情報，秘密保持契約の存在および内容，ならびに本取引に関する協議・交渉の存在および内容が規定されるのが一般的である。

　例外としては，少なくとも，前記記載例5－10の第1項各号の4つの内容を規定するのが一般的である。

　前記記載例5－10の第1項第1号の「開示された時点において，被開示当事者がすでに了知していた情報」が秘密情報から除外されるのは，開示された時点において被開示当事者がすでに知っている情報は，開示当事者から受領するまでは自由に開示・使用することができた情報だからである。

　同第2号の「開示された時点において，すでに公知であった情報」が秘密情報から除外されるのは，すでに公知であった情報は，潜在的には自由に取得し，

開示・使用することができた情報だからである。

　同第3号の「開示された後に被開示当事者の責に帰すべき事由によらずに公知となった情報」は，前記第2号と同じ趣旨で秘密情報から除外されている。ただし，被開示当事者の責に帰すべき事由によって公知になった場合に，被開示当事者が秘密保持等の義務を免れるのは不当であるため，当該場合を除外している。

　同第4号の「開示当事者に対して秘密保持義務を負わない正当な権限を有する第三者から，被開示当事者が秘密保持義務を負うことなく適法に取得した情報」が秘密情報から除外されるのは，開示当事者と第三者の2人が同じ（非公知の）情報を持っていた場合において，被開示当事者が，開示当事者に対して秘密保持義務を負わない第三者から秘密保持義務を課されずにその情報を受領したときは，その情報はもはや要保護性が低く，開示・使用を制限されるべきではないからである。

　このように，秘密情報の定義は，原則として秘密情報に含まれるものと，その例外によって定義される[6]。

(3)　秘密保持義務

　秘密保持義務については，前記⑥(2)の提供対象データの場合と，基本的な考え方は同じである。

　ただし，秘密情報は，前記②(3)のとおり，対象となるものが多く，重要性の程度がさまざまであることを考慮すると，秘密保持義務の程度は，提供対象データよりも低くすることも考えられる。

---

[6]　秘密情報の定義の詳細については，前掲注(1)・森本ほか23頁〜37頁。

⑷　目的外使用の禁止

　前記①のとおり，契約の目的が，目的外使用の禁止範囲を画することになる
ため，秘密情報の使用禁止範囲を検討する上で，契約の目的の規定内容が重要
となる。この点は，提供対象データの場合と同様である。

　また，目的外使用の禁止を規定しなくても，秘密情報が営業秘密に該当する
場合には不正競争行為に対する民事的措置（不正競争防止法2条1項4号～10号，
3条，4条等）や刑事的制裁（同法21条等）があり，また，限定提供データに該
当する場合には民事的措置（同法2条1項11号～16号，3条，4条等）がある。

　しかし，そもそも，秘密情報が営業秘密や限定提供データに該当するかは明
らかではない[7]。また，これらの不正競争行為は一定の場合に限定されている。

　したがって，秘密情報について，目的外使用の禁止の条項を設けることが多
い。

⑸　破棄・返還

　破棄・返還については，前記⑨の提供対象データの場合と，基本的な考え方
は同じである。

　ただし，秘密情報の場合には，秘密情報が，開示当事者から被開示当事者に
対して紙媒体で提供されることがある点で，提供対象データとは異なる。

　また，データ提供契約においては，提供対象データは契約終了時までは受領
者に利用をさせるのが一般的であるから，提供者が提供対象データの破棄また
は返還を求めることができるのは契約終了時である。これに対して，秘密情報
は，被開示当事者に契約終了時まで利用をさせることを前提としているわけで
はないのが通常である。そのため，前記記載例5－10のように，「本契約の有

---

[7]　上記記載例5－9では，電磁的管理性に基づいて管理する旨が規定されていないため，
通常は限定提供データには該当しない。

効期間中であるか，本契約終了後であるかを問わず」に破棄・返還を求めることができるとする規定が一般的であるように思われる。

11 損害賠償

【記載例5−11　損害賠償】

（損害賠償）
本契約に違反した当事者は，当該違反に起因または関連して相手方が被った損害（合理的な弁護士費用を含む）を賠償するものとする。

　データ提供契約に基づく損害賠償請求は，民法上はデータ提供契約に明記するか否かにかかわらず，債務不履行（民法415条）に基づいて行うことが可能である。そのため，データ提供契約に前記記載例5−11のように損害賠償請求をすることができる旨を規定することは，確認的な意味を有するにすぎない。

　債務不履行に基づく損害賠償では，①債務不履行によって通常生ずべき損害，および，②特別の事情によって生じた損害のうち当事者がその事情を予見すべきであった損害について賠償しなければならない（民法416条1項，2項）。判例・通説は，②の損害の「予見」の主体を債務者，「予見」の基準時を不履行時と解している[8],[9]。また，①および②の損害の中に逸失利益も含まれると解されている[10]。

---

(8)　大判大正7・8・27民録24輯1658頁，我妻榮ほか『我妻・有泉コンメンタール民法―総則・物権・債権―〔第6版〕』（日本評論社，2019年）785頁～787頁。
(9)　2020年4月1日施行に係る「民法の一部を改正する法律」（平成29年法律第44号）（以下「改正民法」という）においても，この点について文言の修正はなされなかったため，引き続き，解釈に委ねられることになる（潮見佳男ほか『詳解改正民法』（商事法務，2018年）158頁～160頁〔長野史寛執筆部分〕）。
(10)　前掲注(8)・我妻ほか784頁。

　弁護士費用が債務不履行に基づく損害に含まれるか否かは必ずしも明らかではないため，相手方に弁護士費用を負担させる場合には，その点を明記することが望ましい。実務上は，前記記載例5－11のように，「損害（合理的な弁護士費用を含む）」等として，合理的な範囲で弁護士費用を請求できるようにすることが多い。

　損害賠償の額の範囲について，その上限を定める方法がある。ただし，仮に上限を定めたとしても，故意に契約に違反した場合には責任の減免は信義則に反し許されないと解されている点に留意が必要である[11]。また，重過失で契約に違反した場合については争いがあるが[12]，同様に解する見解が有力である[13]ため，留意が必要である。

　また，当事者間で，損害賠償額の予定（民法420条1項）を定める方法がある。この場合には，行為と損害との間の因果関係を立証することなく，予定した損害額を請求することができる[14]。ただし，損害賠償額の予定について合意した場合には，損害賠償はその予定額に限定されない旨の合意である旨を立証しない限り，予定額を超えた部分の損害を請求することはできないと解されている[15]。そのため，損害賠償額の予定を超える部分についても請求をする場合には，その旨を契約書に記載しておくことが必要である。また，法律上，違約金は損害賠償額の予定と推定されるため（同条3項），違約金を超える部分について請求をする場合においても，その旨を契約書に記載しておくことが望ましい。

---

[11]　我妻榮『新訂債権総論』（岩波書店，1964年）101頁，潮見佳男『プラクティス民法債権総論〔第5版〕』（信山社出版，2018年）167頁〜168頁。

[12]　奥田昌道編『注釈民法(10)債権(1)』（有斐閣，1987年）440頁〔北川善太郎執筆部分〕。

[13]　前掲注[11]・潮見167頁〜168頁，前掲注[12]・奥田編443頁

[14]　改正民法において，改正前民法の「この場合において，裁判所は，その額を増減することができない。」との文言が削除されたが，これは，公序良俗違反等を理由とする合意の効力の制限までをも排除するものではない点を明確にするために削除されたものであり，改正の前後で実質的な変更はない（前掲注(9)・潮見ほか163頁〜164頁）。

[15]　前掲注(8)・我妻ほか794頁。

12

有効期間・存続条項

【記載例5−12　有効期間・存続条項】

> （有効期間）
> 本契約の有効期間は，本契約の締結の日から●年間とする。ただし，第●条，第●条および第●条の規定は，本契約終了後も有効に存続するものとする。

(1)　有効期間

　有効期間は，契約の目的，提供対象データの内容，受領者側で提供対象データを利用するために必要な期間等を考慮して定めることとなる。

　有効期間が延長されることを想定して，自動更新条項（たとえば，契約期間満了の●か月前までに契約当事者双方から契約を終了させる旨の意思表示がない場合には，さらに●年間延長される旨の条項）を付することがある。また，自動更新条項は付さずに，当事者の合意により，都度，契約期間を延長させることもある。

(2)　存続条項

　契約条項の中に，有効期間満了後も，効力を存続させるべき条項がないかを

確認することが重要である。

　データ提供契約においては，特に，提供対象データ・秘密情報に関する秘密保持，目的外使用禁止等の義務を定める条項，提供対象データ・秘密情報の破棄・返還に関する条項，損害賠償に関する条項，紛争解決に関する条項については，効力を存続させる必要性が高い。たとえば，データ提供契約が，期間満了または解除等によって終了した場合に，その時点で提供対象データを第三者に開示されないようにする必要がある場合には，提供対象データの秘密保持義務について，少なくとも一定の期間，効力を存続させるべきである。

　提供者としては，受領者が提供対象データについて秘密保持義務を負わなくなる結果として，それまで営業秘密または限定提供データに該当していた提供対象データが，営業秘密または限定提供データに該当しなくなる可能性がある点に留意をする必要がある。

第 6 章

ディープラーニングを
用いたソフトウェア
開発委託契約の条項

　本章では，データ関連契約の類型Ⅱ（データ受領者がデータの利用をすることを目的とする場合）のうち，AI関連ソフトウェア開発委託契約の1つであるディープラーニングによりプログラムを作成する場合（利用者が提供するデータを用いて，ニューラルネットワークのプログラムをディープラーニングさせてプログラムを作成する場合）の契約条項について解説する。

1

頭　書

【記載例6－1　頭書】

> （頭書）
> 株式会社●（以下「委託者」という）および株式会社●（以下「受託者」
> という）は，提供データ（第●条第●号で定義する）を用いて，本件ソフ
> トウェア（第●条第●号で定義する）の開発（以下「本開発」という）を
> 行うことを目的（以下「本目的」という）として，本開発における委託者
> と受託者の権利義務について，以下のとおり，ソフトウェア開発委託契約
> （以下「本契約」という）を締結する。

　ソフトウェア開発委託契約の目的そのものが，法的な効果を有するわけでは
ない。しかし，目的の記載は，契約書中の他の条項の解釈をする際の指針とし
て参照されることが多いため，目的を記載することには意義がある。

　特に，ディープラーニングを用いてプログラムを作成する場合のソフトウェ
ア開発委託契約では，後記6および7のとおり，提供データおよび提供データ
を改変したデータ（派生データ）について，目的外使用の禁止条項が規定され
ることが多く，当該条項が規定される場合には，ソフトウェア開発委託契約の
目的が，提供データの目的外使用の禁止範囲を画することになるため，目的を
どのように規定するかが重要となる。

　また，ソフトウェア開発委託契約では，後記17のとおり，秘密情報について
も，目的外使用の禁止条項が規定されることが多く，当該条項が規定される場

合には，ソフトウェア開発委託契約の目的が，秘密情報の目的外使用の禁止範囲を画することになる。

　したがって，ソフトウェア開発委託契約の目的は，提供データおよび秘密情報の目的外使用の禁止範囲等を考慮して，慎重に定める必要がある。

　記載例では，提供データを用いて本開発を行うことを本目的というかたちで定義しており，提供データや本開発については別途定義を設け，その範囲を画する規定の仕方にしている。

2

定　義

【記載例6－2　定義】

> （定義）
> 1　「提供データ」とは，委託者から受託者に提供する別紙記載のデータを
> 　いう。
> 2　「本件プログラム」とは，受託者が，提供データを用いて，ニューラル
> 　ネットワークのプログラムをディープラーニングさせることにより作成
> 　したプログラムをいう。
> 3　「本件ドキュメント」とは，受託者が作成する別紙記載のドキュメント
> 　（電子データを含む）をいう。
> 4　「本件ソフトウェア」とは，「本件プログラム」および「本件ドキュメ
> 　ント」をいう。
> 5　「派生データ」とは，受託者が提供データを改変したデータをいう。

(1)　定義に関する一般的な留意点

　一般的に，ソフトウェア関連契約の定義は，契約当事者間で認識に離齬が生
じないようにするために，技術的な観点から正確であり，かつ，明確な定義と
することが望ましい。特に，ディープラーニングによりプログラムを作成する
場合には，記載例のように，プログラムの作成プロセスを踏まえた定義にする

ことが重要である。

⑵　ディープラーニングによりプログラムを作成する場合に必要な定義

　ディープラーニングによりプログラムを作成する流れは，**図表１－５**のとおりである。データの準備として，入力データ・教師データを準備し，プログラムの準備として，学習前プログラムを準備し，学習前プログラムに，入力データ・教師データのセットを順次入れてディープラーニングさせることにより，プログラムを作成する。

（図表１－５）ディープラーニングを用いたプログラム作成の流れ（再掲）

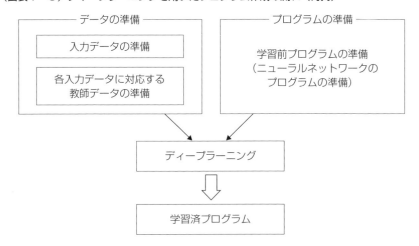

　したがって，ディープラーニングによりプログラムを作成する場合には，上記のプログラムの作成の過程に必要な定義を設けることとなる。そして，上記記載例６－２では，**図表１－５**に沿って，定義条項において，「本件プログラム」，「提供データ」，「派生データ」(1)を定義している。

　もちろん，これら以外の定義を用いることが望ましい場合もあり得る。しか

し，定義を設ける場合には，当該定義の内容が明確であるか，契約において必要であるかを，技術的な観点，および，プログラムの作成プロセスの観点から慎重に検討することが重要である。特に，第1章⑥(3)のとおり，「学習済モデル」，「学習済パラメータ」，「ハイパーパラメータ」等の文言は，内容が不明確，または，そもそも当該文言を独立に定義する必要性が明らかではないものであるため，これらの文言を契約書の定義として規定する場合には，当該定義の規定文言が明確であるか，当該定義を設けることが必要であるか等に留意して規定するべきである。

(3) 「提供データ」の定義

提供データについては，以下のように別紙を用いる等して，内容，形式等を明確に定めることが重要である。

提供データの内容を定める際には，提供データが，そのまま，ディープラーニングの入力データ・教師データとして用いられるかに留意する必要がある。提供データが入力データ・教師データとしてそのまま用いられない場合には，提供データを入力データ・教師データに改変する作業を行うことが必要になるため，当該作業を委託者と受託者のどちらが行うのかを明確にしておくことが望ましい。

---

(1) 図表1－5の入力データ・教師データは，提供データがそのまま入力データ・教師データになることもあるが，特に教師データは，通常は，受託者により改変がなされたものを用いることが多いため，記載例6－2では「改変データ」を定義している。

別紙

提供データ

（1）データの概要
●●●●
（2）項目
●●●●
（3）量
●●●●
（4）ファイル形式
●●●●

⑷ 「本件ドキュメント」の定義

　本件ドキュメントの例として，本件プログラムのマニュアル，仕様書，その他の関連資料が挙げられる。本件ドキュメントの内容については，当事者間で疑義が生じないように，別紙等を用いて明確に定めておくことが望ましい。

　実務的には，契約締結時に本件ドキュメントの内容を確定させることが難しい場合もあるが，そのような場合においても，委託者と受託者との間の認識の離齬を生じにくくするという観点から，可能な範囲で本件ドキュメントの内容を別紙等により特定しておくことが望ましい。

3

提供データ

【記載例6－3　提供データ】

> （提供データ）
> 1　委託者は，●年●月●日までに，提供データを，DVDに記録して，受
> 託者に提供するものとする。
> 2　委託者は，提供データが，適法，かつ，適切な方法によって取得され
> たものであることを表明し，保証する。
> 3　委託者は，提供データには，個人情報の保護に関する法律第2条第1
> 項に規定する個人情報は含まれていないことを表明し，保証する。

　提供データの提供方法，表明・保証についての留意点等は，前記第5章デー
タ提供契約の「提供対象データ」（第5章②(2)～(5)）と概ね同様である。

4

業務内容

【記載例6－4　業務内容】

> （業務内容）
> 1　委託者は，受託者に対して，別紙記載の業務（以下「本業務」という）
> 　を委託し，受託者はこれを引き受けるものとする。
> 2　受託者は，本件ドキュメントを作成し，委託者に提供するものとする。

　委託者の業務内容を規定する際には，前記②の定義を規定する場合と同様，技術的な観点から正確，かつ，明確な定義とすることが望ましく，特に，ディープラーニングによりプログラムを作成する場合には，そのプロセスを踏まえた規定とすることが重要である。

　前記②のとおり，提供データの内容を定める際には，提供データが，そのまま，ディープラーニングに用いられる入力データ・教師データとして用いられない場合には，提供データを入力データ・教師データに改変する作業をどちらが担当するかを明確にするという観点から，提供データの定義を定めることが重要である。そして，適宜，業務内容の規定においても，提供データの改変作業を委託者と受託者のいずれが行うかを明確にすることが望ましい。

5

提供データの利用許諾

【記載例6-5　提供データの利用許諾】

（提供データの利用許諾）

1　委託者は，受託者に対して，本契約の有効期間中，提供データを利用および改変することを許諾する。

2　受託者は，提供データを，本業務を行うために必要な範囲で，複製することができる。

3　提供データに係る知的財産は，委託者に帰属し，委託者は，受託者に対して，提供データに係る知的財産を譲渡，移転するものではなく，また，本契約に明示されているものを除き，提供データに係る知的財産の利用を許諾するものではないことを，提供者および受領者は相互に確認する。

　第5章③(2)のとおり，データ提供契約においては，提供対象となるデータの改変を認める場合と認めない場合の両方があり得る。

　これに対して，委託者が提供するデータを用いて，ディープラーニングによりプログラムを作成する場合には，改変を認める場合が多い。なぜなら，特に教師データについては，委託者が提供したデータを改変したものを用いるのが通常だからである。ただし，委託者としては，無制限に改変を認めるのではなく，記載例6-5のように，契約の目的の範囲等に限定する必要がないかを検討する必要がある。

　また，複製についても，プログラムを作成する際には複製が必要となるのが通常であるため，認められる場合が多い。ただし，改変の場合と同様，複製についても，委託者が提供したデータの複製は，あくまでも，委託者が委託したプログラムを作成するためであるから，委託者としては，記載例6－5のように，複製を委託業務に必要のある範囲等に限定する必要がないかを検討する必要がある。

　受託者が改変したデータに，委託者が提供したデータとは別に，新たな知的財産が発生している場合において，当該知的財産を委託者に帰属させるときは，後記7のとおり，受託者は，委託者から当該改変されたデータについても利用許諾を受けることが必要になる。

6

目的外使用の禁止

【記載例6－6　目的外使用の禁止】

（目的外使用の禁止）

　受託者は，提供データを，本目的以外のために使用してはならないものとする。

　提供データの目的外使用の禁止については，第5章④のデータ提供契約の場合と概ね同様である。

7

派生データ

【記載例6－7　派生データ（派生データに関する権利を委託者に帰属させる場合）】

> （派生データ）
> 1　派生データに発生している知的財産は，委託者に帰属するものとし，受託者が派生データに発生している知的財産を取得した場合には委託者に移転するものとする。
> 2　委託者は，受託者に対して，派生データを，本契約の有効期間中，本目的の範囲内で利用することを許諾する。
> 3　受託者は，派生データを，本業務を行うために必要な範囲で，複製することができる。
> 4　受託者は，派生データを，本目的以外のために使用してはならないものとする。

　派生データについての留意点は，第4章②(2)のとおりであり，また，その他の点については，第5章③のデータ提供契約の場合と概ね同様である。

　ディープラーニングによりプログラムを作成する場合には，派生データに価値の高いデータが含まれることがある。

　その典型例が学習用データ（入力データ・教師データ）である。学習用データは，ディープラーニングに用いることができるデータであることに加えて，第4章②(2)のとおり，当該データにノウハウが含まれている場合があるからで

ある。

したがって，特に受託者は，派生データの知的財産の帰属について，慎重に検討をすることが必要になる。

8

提供データの管理

【記載例6－8　提供データの管理】

（提供データ）

1　受託者は，提供データ（複製物を含む。以下同じ）および派生データ（複製物を含む。以下同じ）について厳に秘密を保持するものとし，委託者の事前の書面による承諾なしに第三者に対して開示または漏えいしてはならないものとする。

2　受託者は，提供データおよび派生データを，本契約の目的のために知る合理的に必要のある最小限度の範囲の自己の役員および従業員，ならびに，本取引に関して受領者が依頼する弁護士，公認会計士，税理士その他のアドバイザー（総称して以下「役員等」という）に限り開示することができるものとする。

3　受託者は，前項の規定に基づき提供データまたは派生データの開示を受ける第三者が法律上守秘義務を負う者でないときは，本契約に定める秘密保持義務と同等の秘密保持義務を当該第三者に課して，その義務を遵守させるものとし，かつ，当該第三者においてその義務の違反があった場合には，受託者による義務の違反として，委託者に対して直接責任を負うものとする。

4　第1項の規定にかかわらず，受託者は，法令または裁判所，監督官庁，金融商品取引所その他被開示当事者を規制する権限を有する公的機関の

　裁判，規制もしくは命令に従い必要な範囲において提供データを公表し，
　または開示することができる。ただし，受託者は，かかる公表または開
　示を行った場合には，その旨を遅滞なく委託者に対して通知するものと
　する。
5　受託者は，提供データおよび派生データを電子データとして管理する
　ものとし，提供データおよび派生データを紙媒体へ印刷する等して管理
　してはならない。
6　受託者は，提供データの管理において，IDおよびパスワードによるア
　クセス制限，または，委託者および受託者が別途合意したその他の適切
　な認証方法によるアクセス制限を行うものとする。

　提供データの管理については，第5章⑤のデータ提供契約の場合と概ね同様
である。

9

非保証

【記載例6－9　非保証】

（委託者の非保証）

1　委託者は，提供データの正確性，完全性および有用性について何ら保
　証を行わない。

2　委託者は，受託者による提供データの使用が，第三者が保有する知的
　財産その他の権利を侵害しないことについて何ら保証を行わない。

　提供データの非保証については，第5章6のデータ提供契約の場合と概ね同
様である。

10

対価および支払方法

【記載例6−10　対価および支払方法】

（対価および支払方法）
1　受託者は，本件ソフトウェアの検収完了後，速やかに本業務の対価として，別紙記載の委託料を委託者に請求するものとする。
2　委託者は，前項の請求を受けたときは，別紙記載の委託料を別紙記載の方法により支払うものとする。

　一般的に，ソフトウェア開発委託契約では，契約締結時に対価を定めるのが一般的である。

　委託料の支払いは，ソフトウェア（プログラムおよびドキュメント）の検収完了後に行われる場合が比較的多い。

　記載例6−15のように，対価の支払いをもって受託者から委託者にソフトウェアが譲渡されるとしたり，記載例6−20のように対価の支払いの完了をもって契約の有効期間の終期としたりする場合がある。

11

再委託

【記載例6−11　再委託】

（再委託）
1　受託者は，委託者の事前の書面による承諾を得た場合を除き，本業務を第三者に再委託することはできない。
2　受託者が，委託者の事前の書面による承諾を得て，第三者に本業務を委託する場合には，受託者は当該第三者に対して，本契約上，受託者が委託者に対して負担するものと同等の義務を負わせるものとし，また，当該第三者の履行について，受託者が自ら本業務を履行した場合と同様の責任を負うものとする。

　ディープラーニングによる実用的なプログラムの作成は，近時，急速に進展してきた技術である。そのため，委託者は，当該プログラムの作成について高い能力を有すると考える者に，当該プログラムの作成を委託することが比較的多い。そのような場合には，委託者としては，受託者自身によりプログラムを作成することを望み，再委託を禁止したいと考える場合が多い。

　委託者が再委託を禁止することには一定の合理性があるものの，再委託を禁止すると，その分，価格が高くなったり，納期が遅くなったりする可能性がある点には留意すべきである。特に，プログラムの精度等に影響を与えない単純な作業（たとえば，単純なアノテーションの作業）については，再委託を認めることが双方の利益になる場合もある。

　受託者が第三者へ委託を行うことができるか否かは，価格および納期にかかわるため，受託者としては，再委託の可否および範囲について早めに交渉を行い，再委託を認める旨の合意を得られた場合には，できる限り，契約締結時点で契約等にその旨明記しておくことが望ましい。

12

連絡協議会

【記載例6−12　連絡協議会】

> （連絡協議会の設置）
> 委託者および受託者は，本業務が完了するまでの間，進捗状況の報告，問題点の検討その他本業務を遂行するために必要な事項を協議するために，連絡協議会を設置するものとする。

　ソフトウェア開発委託契約では，ソフトウェア開発を円滑に進めるために，連絡協議会を設置する等して，委託者と受託者との間で十分にコミュニケーションをとりながら進めることが望ましい。ソフトウェア開発委託契約において，記載例6−12よりも詳細な内容（連絡協議会の目的，開催頻度，出席者等）について規定する場合もある。

　連絡協議会を開催し，議事録を作成し，当該議事録を委託者と受託者との間で共有することにより，委託者と受託者との間で認識の齟齬が生じにくくなり，ソフトウェアの開発を円滑に進めやすくなるという効果が期待できる。

　ディープラーニングによりプログラムを作成する場合には，ディープラーニングに用いるデータの質が高いほど，また，データの量が多いほど，精度が高くなる傾向にある。そのため，データを提供する委託者も，受託者と十分にコミュニケーションをとりながら，ソフトウェア開発に積極的に関与していくことが望ましい。たとえば，ソフトウェア開発委託契約の締結時点で委託者が提供することとしていたデータにより十分な精度を得られなかった場合には，委

託者と受託者が連絡協議会等で協議の上，委託者が，より適切なデータを提供する等して，プログラムの精度を高めていくことが望ましい。

13

検　収

【記載例6－13　検収】

（検収）

1　委託者および受託者は，協議の上，委託者の本件ソフトウェアの受け入れ検査の基準となるテスト項目，テストデータ，テスト方法等を定めた検査仕様書を作成する。

2　委託者は，受託者から本件ソフトウェアを受領した後●日以内に，検査仕様書に基づき本件ソフトウェアについて検査をしなければならない。

3　委託者は，本件ソフトウェアが，前項の検査に合格した場合には，検査合格書に記名押印の上，受託者に交付するものとする。また，委託者は，本件ソフトウェアが，前項の検査に合格しない場合には，受託者に対して，具体的な理由とともに不合格になった旨を通知し，受託者に対して，修正または追完を求めるものとし，不合格になった理由が認められるときには，受託者は，委託者と協議の上，定めた期間内に，無償で修正をし，委託者は，必要な範囲で，再度，検査を行うものとする。

4　委託者から受託者に対して検査合格書が交付されない場合であっても，本条第1項の期間内に，委託者が受託者に対して具体的な理由とともに不合格になった旨の通知を行わないときは，本件ソフトウェアは，検査に合格したものとみなされる。

5　検査の合格をもって，本件ソフトウェアの検収は完了したものとする。

　検収は，ソフトウェア開発委託契約の成果物であるソフトウェア（プログラムおよびドキュメント）が，契約で合意した内容のものであるかを委託者が確認するものである。

　本記載例6-13のように，検収が，委託料の支払いの前提条件として規定される場合が比較的多い。

　検収に関して重要なものの1つとして，本件プログラムの「精度」が挙げられる。第4章④(1)エのとおり，ITベンダーとしては，利用者から受領するデータを用いて実際にプログラムを作成してみなければ，どれくらいの精度が達成できるかがわからず，契約において事前に精度を保証することには困難な面がある。しかし，ソフトウェア開発委託契約において，委託者としては一定の精度のプログラムを成果物とすることを望むことが多い。

　このような中で，委託者と受託者がプログラムの精度に合意するためには，第4章④(1)エのとおり，PoCを実施することが望ましい。PoCを行うことにより，委託者側で，どの程度の精度保証を行うことができるかについて，ある程度の判断を行うことができるようになるからである。

　また，精度については，精度をどのように定義するかについて，委託者と受託者との間で疑義が生じないようにするために，別紙等において，詳細に定めておくことが望ましい。精度の定め方についての委託者と受託者との間の疑義を生じにくくするという観点からも，事前にPoCを行うことが望ましい。

14

不適合責任

【記載例6-14　不適合責任】

（不適合責任）

1　委託者は，本件ソフトウェアが，種類，品質または数量に関して本契約の内容に適合しないもの（以下「契約不適合」という）であるときは，受託者に対して，当該契約不適合に対する修補または代替物もしくは不足分の引き渡しによる追完を請求することができるものとする。

2　前項の規定に基づき，委託者が相当の期間を定めて追完を催告したにもかかわらず，その期間内に履行の追完がなされない場合には，委託者は受託者に対して，委託料の減額請求および損害賠償請求をすることができる。

3　委託者は，受託者に対して，検収完了の時から1年以内に，当該契約不適合の内容を通知しなければ，前各項の請求または本契約の解除をすることができない。ただし，受託者が，本件ソフトウェアの引き渡しの時に当該契約不適合を知り，または，重大な過失によって知らなかったときは，この限りではない。

旧民法下における請負人の瑕疵担保責任について，改正民法では，基本的に売買の担保責任の規定を準用するとともに，仕事の目的物が契約の内容に適合しない場合には，請負人の債務不履行に該当するものとされている。そして，注文者側の救済手段として，改正前は修理，損害賠償および解除が認められて

いたのに対して，改正民法では，不足分・代替物の請求，代金減額請求についても認められることとなった。

　また，改正前は，「仕事の目的物を引き渡した時」または「仕事が終了した時」が請負契約の担保責任の期間制限の起算点となっていた。これに対して，改正後は，「注文者がその不適合を知った時」が起算点となった。そのため，ソフトウェア開発委託契約において，改正民法の規定どおりに，期間制限を「委託者が本件ソフトウェアに不適合が存在することを知った時から1年以内」とすることも考えられる。しかしながら，「知った時から1年以内」とすると，委託者は，債務不履行責任に基づく請求権が時効で消滅するまでは，契約不適合に基づく請求をすることができることとなる。そのため，最も長い場合には，債務不履行責任に基づく請求をすることができるようになってから10年間，請求することができることとなる（民法166条1項）。ソフトウェア開発において，10年もの間，契約不適合責任を請求される可能性があるというのは，受託者にとって大きな負担となる。そのため，ソフトウェア開発においては，記載例6－14のように，契約不適合責任の期間制限を「検収完了の時から1年以内」とすることに一定の合理性があるように思われる。

15

著作権の帰属

【記載例6−15　著作権の帰属】
（委託者に著作権を帰属させる場合）

（著作権の帰属）
1　本件ソフトウェアの著作権（著作権法第27条および第28条の権利を含む。以下同じ）は，受託者または第三者が従前から保有していた著作物の著作権を除き，委託者から受託者に対して委託料が完済された時に，受託者から委託者へ移転する。
2　委託者は，著作権法第47条の2に従って，前項により受託者に著作権が留保された著作物につき，本件ソフトウェアを自己利用するために必要な範囲で，複製，翻案することができるものとする。
3　受託者は委託者に対して，本件ソフトウェアの著作者人格権を行使しないものとする。

（受託者に著作権を帰属させる場合）

（著作権の帰属）
1　本件ソフトウェアの著作権（著作権法第27条および第28条の権利を含む）は，委託者または第三者が従前から保有していた著作物の著作権を除き，受託者に帰属するものとする。

2 委託者は，本件ソフトウェアの複製物を，著作権法第47条の2に従っ
て自己利用に必要な範囲で，複製，翻案することができるものとする。
3 受託者は，前項の規定に基づく委託者による本件ソフトウェアの利用
について，本件ソフトウェアの著作者人格権を行使しないものとする。

第4章④(1)ウ(イ)のとおり，利用者から提供されたデータを用いて，ディープ
ラーニングによりプログラムを作成する場合には，利用者（利用者が提供した
データ）およびITベンダーの両者が，プログラムの作成に対して重要な寄与を
しているため，当該プログラムの著作権をどちらに帰属させるかが重要な交渉
事項になりやすく，また，プログラムの著作権の帰属の契約交渉を行う上では，
事前に，「プログラムに関して，最低限，何が必要であるのか」という契約交
渉において最低限守るべき条件を整理しておくこと（たとえば，①著作権を自社
に帰属させることが必要不可欠であるのか，②著作権の利用許諾を受けることでも
足りるのか，③著作権の利用許諾を受けることでも足りるのであれば，最低限，ど
のような利用条件を確保することができればよいのか等について，事前に検討して
おくこと）が有益である。

また，記載例6-15では，プログラムとドキュメント類の両方（「本件ソフト
ウェア」）の著作権の帰属についてまとめて規定しているが，両者を異なる規
定とする必要があれば，別々に規定することとなる。

16

提供データの破棄・返還

【記載例6－16　提供データの破棄・返還】

（提供データの破棄・返還）
1　本契約が終了した場合，受託者は，委託者の指示に従って，提供データおよび派生データが記録された媒体を破棄または委託者に返還し，また，受託者が管理する一切の電磁的記録媒体から削除するものとする。
2　受託者は，委託者が要請した場合には，速やかに前項に基づく受託者の義務が履行されたことを証明する書面を委託者に対して提出するものとする。

　提供データの破棄・返還については，第5章⑨のデータ提供契約の場合と概ね同様であるが，ディープラーニングによりプログラムを作成する場合には，派生データに価値の高いデータが含まれることがあるため，委託者としては，派生データについても破棄・返還を要求する必要性が高い点に留意する必要がある。

17

秘密情報

【記載例6−17　秘密情報】

（秘密情報）
1　本契約において，「秘密情報」とは，一方当事者（以下「開示当事者」
　　という）が他方当事者（以下「被開示当事者」という）に対して，本目
　　的のために，文書，口頭，電磁的記録媒体その他開示の方法および媒体
　　を問わず，また，本契約締結の前後を問わず，開示した一切の情報，本
　　契約の存在および内容，ならびに，本取引に関する協議・交渉の存在お
　　よびその内容をいう（ただし，提供対象データを除く）。ただし，以下
　　のいずれかに該当する情報は，秘密情報には含まれないものとする。
　①　開示された時点において，被開示当事者がすでに了知していた情報
　②　開示された時点において，すでに公知であった情報
　③　開示された後に被開示当事者の責に帰すべき事由によらずに公知と
　　　なった情報
　④　開示当事者に対して秘密保持義務を負わない正当な権限を有する第
　　　三者から，被開示当事者が秘密保持義務を負うことなく適法に取得し
　　　た情報
2　被開示当事者は，秘密情報について厳に秘密を保持するものとし，開
　　示当事者の事前の書面による承諾なしに第三者に対して開示または漏え
　　いしてはならないものとする。ただし，被開示当事者は，本目的のため

に必要な範囲のみにおいて，役員等[2] に対して，秘密情報を開示することができるものとする。

3　被開示当事者は，前項の規定に基づき秘密情報の開示を受ける第三者が法律上守秘義務を負う者でないときは，本契約に定める秘密保持義務と同等の秘密保持義務を当該第三者に課して，その義務を遵守させるものとし，かつ，当該第三者においてその義務の違反があった場合には，被開示当事者による義務の違反として，開示当事者に対して直接責任を負うものとする。

4　第1項の規定にかかわらず，被開示当事者は，法令または裁判所，監督官庁，金融商品取引所その他被開示当事者を規制する権限を有する公的機関の裁判，規制もしくは命令に従い必要な範囲において秘密情報を公表し，または開示することができる。ただし，被開示当事者は，かかる公表または開示を行った場合には，その旨を遅滞なく開示当事者に対して通知するものとする。

5　被開示当事者は，開示当事者から開示された秘密情報を，本目的以外の目的で使用してはならないものとする。

6　被開示当事者は，本契約の有効期間中であるか，本契約終了後であるかを問わず，開示当事者からの書面による請求があった場合には，自らの選択および費用負担により，被開示当事者および被開示当事者より開示を受けた第三者が保持する秘密情報を速やかに返還または破棄するものとする。

7　被開示当事者は，開示当事者が要請した場合には，速やかに前項に基づく被開示当事者の義務が履行されたことを証明する書面を開示当事者に対して提出するものとする。

秘密情報については，第5章⑩のデータ提供契約の場合と概ね同様である。

---

(2)　「役員等」は，記載例6－8の第2項に定義したものを意味する。

18

損害賠償

【記載例6－18　損害賠償】

> （損害賠償）
> 本契約に違反した当事者は，当該違反に起因または関連して相手方が被っ
> た損害（合理的な弁護士費用を含む）を賠償するものとする。

　委託者としては，受託者から契約の成果物として受領したプログラムが，委
託者が想定していたものと異なる場合に，損害賠償を請求したいと考えること
が多い。しかし，ディープラーニングによりプログラムを作成する場合には，
第1章⑤(5)のとおり，ディープラーニングにより作成されたプログラムを事後
的に検証することには困難な面があるため，当該プログラムが委託者が想定し
ていたものと異なる場合であっても，受託者による債務の不履行を立証するこ
とは容易ではない。そのため，委託者としては，契約条項または別紙において，
委託者が想定しているプログラムの内容をできる限り明確に規定することによ
り，受託者による債務不履行を立証しやすくしておくことが望ましい。

　委託者が，受託者の債務不履行を立証しやすいものの最たる例として，プロ
グラムの精度が挙げられる。そのため，委託者としては，できる限り，契約に
おいて，精度を保証する条項を規定することが望ましい。そして，委託者とし
ては，前記⑬のとおり，受託者との間でプログラムの精度についての合意を得
ること，および，精度の定め方についての委託者と受託者との間の疑義を生じ
にくくすることという観点から，PoCを実施することが望ましい。

　上記以外の点については，第5章⑪のデータ提供契約の場合と概ね同様である。

19

OSSの利用

【記載例6−19　OSSの利用】

> （OSSの利用）
> 受託者は，別紙に記載したOSSを利用するものとする。受託者が，別紙に
> 記載したOSS以外のOSSを利用する場合には，事前の書面による委託者の
> 承諾を得なければならない。

　第1章⑦(3)のとおり，近時，ディープラーニングを利用したソフトウェア開
発においてオープンソースソフトウェア（OSS）を利用する必要性が高まって
いる。そして，適切なOSSを利用することにより，ソフトウェア開発の納期の
短縮，および，コストの低減をすることができるため，OSSの利用は，委託者
と受託者の双方にとってメリットがある。

　しかし，OSSには利用条件（制約）があり，委託者は，受託者からソフト
ウェアを受領した後，委託者自身で当該利用条件を守って利用をしなければな
らない。そのため，委託者としては，OSSを利用する場合には，当該OSSの利
用条件を確認し，委託者が当該利用条件を遵守することができるかを確認する
ことが必要となる。

　このように，適切なOSSの利用によりソフトウェア開発の納期の短縮，およ
び，コストの低減をすることができるものの，委託者が当該OSSの利用条件を
遵守できない場合には当該OSSを利用することができないため，委託者と受託
者との間で，契約締結時点で，どのOSSを利用するかについて合意した上で，

納期およびコストを定めることが望ましい。

　受託者としては，契約締結後に新たなOSSの利用をしたいと考えるときは，仮に，あるOSSの利用が，委託者および受託者の双方にとってメリットがあるものであるとしても，委託者が当該OSSの利用に消極的になり，その結果として，当該OSSを利用することができないリスクがある点に留意する必要がある。

　委託者としては，委託者が把握していないOSSがソフトウェア開発に利用されないようにするために，契約締結後に，受託者が新たなOSSの利用を希望する場合には，記載例6－19のように委託者の事前の承諾が必要である旨を規定することが望ましい。

20

有効期間・存続条項

【記載例6−20　有効期間・存続条項】

> （有効期間）
> 本契約は，本契約の締結日から，第●条に定める委託料の支払いが完了する日まで効力を有するものとする。ただし，第●条，第●条および第●条の規定は，本契約の終了後も有効に存続するものとする。

(1)　有効期間

　ソフトウェア開発委託契約では，有効期間は，委託者の義務である委託料の支払い，および，受託者の義務である本件ソフトウェアの提供を終えた時点とされることが比較的多い。

　記載例6−20は，記載例6−10のように，ソフトウェアの検収後に，委託料の支払いがなされることを前提として，委託料の支払いが完了する時まで契約が有効であるものとしている。

(2)　存続条項

　存続条項については，第5章12(2)のデータ提供契約の場合と概ね同様である。

索　引

≪編著者略歴≫

森本　大介（もりもと　だいすけ）
弁護士（西村あさひ法律事務所パートナー）・ニューヨーク州弁護士
2000年東京大学法学部卒業，2001年司法修習修了（54期），2005年九州大学ビジネススクール客員助教授，2007年ノースウエスタン大学ロースクール卒業（LL.M.），2007〜2008年カークランド・アンド・エリス法律事務所（シカゴ・ロサンゼルス）勤務
【主な著書・論文】
『危機管理法大全』（共著，商事法務，2016年），『M&A法大全（上）（下）〔全訂版〕』（共著，商事法務，2019年），『資本・業務提携の実務〔第2版〕』（共編著，中央経済社，2016年），『秘密保持契約の実務〔第2版〕』（共編著，中央経済社，2019年），『平成26年会社法改正と実務対応』（共著，商事法務，2014年），『会社法改正要綱の論点と実務対応』（共編著，商事法務，2013年），「グループ管理規程見直しのポイント—会社法改正を見据えて—」ビジネス法務2013年2月号（共著），『実例解説　企業不祥事対応—これだけは知っておきたい法律実務』（共著，経団連出版，2012年），『会社法制見直しの視点』（共著，商事法務，2012年），『会社法制見直しの論点』（共著，商事法務，2011年）ほか多数

濱野　敏彦（はまの　としひこ）
弁理士・弁護士（西村あさひ法律事務所）
2002年東京大学工学部電子工学科卒業，同年弁理士試験合格，2004年東京大学大学院新領域創成科学研究科修了，2007年早稲田大学法科大学院法務研究科修了，2008年司法修習修了（61期），2009年弁理士登録，2011〜2013年新日鐵住金株式会社知的財産部知的財産法務室出向，2019年〜　一般財団法人知的財産研究教育財団　知的財産管理技能検定　技能検定委員。2001〜2004年までの3年間，ニューラルネットワーク（今のディープラーニング）の研究室に所属していたため，AI技術についても詳しい。
【主な著書・論文】
「限定提供データの創設を踏まえたデータ管理の実務対応(1)〜(10)」BLJ2019年8月号〜2020年5月号（共著），『秘密保持契約の実務〔第2版〕』（共編著，中央経済社，2019年），「AIの知財戦略と知財保護における課題」パテント2019年7月号（共著），「深層学習を応用した技術に関する特許の記載要件からみた脆弱性」法律時報2019年7月号（共著），「秘密保持契約等による情報財の保護」NBL2018年3月1日号，『知的財産法概説〔第5版〕』（共著，弘文堂，2013年），『持続可能な社会を支える弁護士と信託—医療クラウド，産学連携，まちづくり—』（共著，弘文堂，2013年），『クラウド時代の法律実務』（共著，商事法務，2011年），『解説改正著作権法』（共著，弘文堂，2010年），「【連載】クラウドコンピューティングが変える法律実務1〜4」NBL2009年12月1日号，15日号，2010年1月15日号，2月1日号ほか多数。

AI・データ関連契約の実務

―AI技術，限定提供データの創設を踏まえて

2020年9月15日　第1版第1刷発行

編著者	森　本　大　介
	濱　野　敏　彦
発行者	山　本　　　継
発行所	㈱ 中 央 経 済 社
発売元	㈱中央経済グループ パ ブ リ ッ シ ン グ

〒101-0051　東京都千代田区神田神保町1-31-2
電話　03 (3293) 3371(編集代表)
03 (3293) 3381(営業代表)
http://www.chuokeizai.co.jp/
印　刷／三英印刷㈱
製　本／㈲井上製本所

© 2020
Printed in Japan

●お奨めします●

秘密保持契約の実務（第2版）
作成・交渉から
営業秘密／限定提供データの最新論点まで

西村あさひ法律事務所

森本大介/石川智也/濱野敏彦 編著

あらゆる事業・業務分野で問題となる
営業秘密保護・漏えい防止のための契
約実務をわかりやすく解説。

データ保護・利活用を促進させる「限
定提供データ」を踏まえた最新版。

●中央経済社●